こどものみかた

春夏秋冬

柴田愛子

こどものみかた　春夏秋冬　目次

はじめに／4
こどものみかた／9

春 13

はじまりのとき／14
泣いて踏み出す一歩／17
ママ、バイバイ／20
風／23
名前は知らなくても／26
園の顔、家の顔／29
おはなしがあったのに／32
あそびに向かって／35
思ってもみなくて／38
雨であそぶ／41
仕事であそぶ／44

夏 47

水あそび／48
お泊まり保育／51
どうして、こうも……／54
みてて、みてて！／57
やまんばがいた／60
夏休み／63
色水あそび／66
海であそぶ／69
おみやげ／72
あのときのけんか／75
「いちばーん！」／78
とっちゃった／81
じゃあ、いい／84
虫取り／87

秋　91

運動会／92
地面を掘る／96
いもほりえんそく／99
発表会／102
ごっこあそび／105
オニごっこ／108
おしゃれ／111
密な関係／114
「いれて」／117
ぼうけん／120
十人十色／123
わるいおじさん／126
親子げんか／129
けが／132

冬　135

なかよし／136
集団であそぶ／139
プレゼント／142
あいさつ／145
正月あそび／148
もうすぐっていったもん／151
すきなひと／154
冬の外あそび／157
仲間／160
すきなのに、こんなことになっちゃった！／163
一年の積み重ね／166
節目のとき／169
卒業の歌／173
泥団子師匠／176

私のこと／179

あとがき／188

はじめに

長いこと保育の世界で過ごしてきました。なんと、初めて担任した子どもが五十二歳にもなっていることに気づき、われながら驚いてしまいます。

始まりは東京都内の私立幼稚園に勤め、数年あけて別の園と、二園で通算すると十年勤めていました。その後、一九八二年に「りんごの木」を仲間と創設しました。二歳から就学前までの子どもの保育をメインにしていますが、小学生の教室、保育者や保護者たちにむけての研修会、CDや出版物の刊行、インターネットなどでの発信など、トータルな子どもの仕事をしています。個人的にも講演や執筆などで、子どものことを語らせていただいています。

こんなに長くこの仕事を続けてこられたのは、子どものおかげです。子どもたちとの生活は、飽きることがありません。知れば知るほど一人ひとりの違いや感性、日々仲間と成長し続けていく姿が面白くて仕方ありません。

そんな子どもたちの様子を「母の友」に二〇〇六年から二〇一一年にかけて、連載させていただいていました。それをまとめて誕生したのがこの本です。つたない文章ですが、子どもの心を思い描きながら読んでいただけたら幸いです。

装画　100%ORANGE
扉写真　繁延あづさ
ＡＤ　白石良一
装丁　生島もと子

こどものみかた　春夏秋冬

こどものみかた

海に遠足に行く日でした。残念ながら、外は雨。駅の改札前に集合予定でしたが、朝に子どもたちの家庭に電話連絡を回しました。「今日の遠足は延期にします。いつものようにりんごの木に来てください」と。

子どもたちが次々やってきましたが、何も言いません。遠足に行けなかったことを何も思っていないのかと不思議でした。そこで、あかりちゃんが来たときに「今日は残念だったね」と声をかけました。すると私をにらみながら「かってにきめた」と、小さいけれど強い声で言われました。思いがけない返答に、ほんとに驚きました。そして、日頃子どもの心に添うことを意識して接してきたはずなのに、子どもの気持ちに全く気づいていない自分にギョッとしました。

翌日は、晴れても雨でも駅の改札口に集合ということにしました。

翌日は朝からザンザン降りでした。「今日は、雨。天気予報は一日中降り続いてやまないと言っています。雨でも海に行くか、晴れた日まで待つか自分の気持ちと相談してください」と、子どもたちに言いました。静かに胸に手を当ててもらいました。行く人と行かない人とは、ちょうど、半々でした。保育者もちょうど半々でした。私は行かない方に入りました。

保育者は雨の中でも着替えられるようにテントを持ちました。身体が冷えてしまったらラーメンやさんにでも入って、温かいものを食べるようにアドバイスし、お金を多めに持っているかを確認しました。

意気揚々と子どもたちは改札口に入っていきました。私は残った子どもたちとりんごの木に行きました。雨はいっこうにやまないばかりか、雨足は強くなっています。早めに帰ってくるといいけれどと案じながら待っていました。

午後四時、予定時刻に改札に迎えに行きました。なんと、子どもたちの顔は輝いています。「あめがふっていたって、どうせぬれるんだからおなじさ。ちょう、たのしかった！」と鼻の穴を膨らませながら言います。無事でよかったという安堵《あんど》感と、子どもたちの姿にあきれながらも、行ったのはよかったと思いました。

雨なら延期というのが当たり前になっていた私。どうして、当たり前だったのかと考えてみると、経験があるからです。雨の中で思い通りにならなくて残念だったという体験を、きっと積んできたからでしょう。考えてみると、今、子どもたちはまさに体験を積みながら成長している最中なのです。


晴れの日はなかなか来ませんでした。待って、待って、やっと来た快晴の日、残りの半分の子はうれしそうに出かけていきました。そして、帰ってきたときには「やっぱり、うみはてんきのときがいい」と、日に焼けた顔で言いました。

それぞれに自分で選んで決めました。そして、行動を起こしました。その結果、雨でもよかったと思うか、雨はやめればよかったと思うか、もしくは晴れまで待ってよかったとか、雨でも行ってみたかったとか、それぞれの思いはそれぞれの中に確かな一粒として残ったことでしょう。

子どもをわかりたいために、子どもを見ることにしてきました。子どもの気持ちを察するようにしてきました。でも、でも、無意識に子どもの気持ちより私の気持ちで動かしていることが多いのです。今回もあかりちゃんの一言がなかったら、私は素通りしてしまったかもしれません。

子どもには子どものつもりが、おとなにはおとなのつもりがあり、それは決して一致しないのかもしれません。でも、子どもたちは懸命に今を生きています。子どもを見る、そして、子どもの味方になるということは、発達途上にある子どもの人生を応援するということなのだと思います。

春

はじまりのとき

「ママー！　ママー！」子どもの泣き叫ぶ声が響きます。

「たすけてー」「いかないでー！」

子どもの顔は、ぐちゃぐちゃです。

涙とはなが入り交じり、べちゃべちゃです。

のけぞる子どもは無理矢理抱えられ、お母さんは去っていきます。

これ、親が子どもを捨てるシーンではありません。人さらいのシーンでもありません。四月、どこの保育園、幼稚園でも見られる光景です。

胎児のときからお母さんに守られてきました。生まれてからはお乳をもらい抱かれ、命のすべてを託してきたのです。多少乱暴であろうが、几帳面であろうが、のんきであろうが、子どもにとってお母さんは命の素なのです。その、お母さんと引きはがされて、見たこともない人に抱かれる……そりゃあ、一大事です。

泣きます、叫びます、ひっくり返ります、いえいえ、黙る子もいます、壁に張りつく子もいます、走り回る子もいます。みんな「どうしよう！」と思っているのです。

ところが、ところが、子どもったら、二十分もすると保育者に抱かれていたり、一時間もするとあそんでいたり、笑っていたりもするんです！　後ろ髪を引かれているお母さんより早く、気分を変えています。

こんなにも短時間に気分を変えられるのはなぜ？　保護されなければ生きていけないのを、本能的に知っているんですね。だから、お母さんがいない現実に直面し動転するけれど、一段落するとお母さんのかわりになる人に頼ろうとするのです。それが、保育者。一日中泣きっぱなしという子は、とてもまれです。

お迎えで再会すると、別れたときの思いや、ママに会えた安堵とでひと泣きします。でも、抱かれれば、ヒックヒックとしゃくりあげて泣きやみます。

こんなことが数日繰り返されます。だって、毎日行くということがわかっていなかったのです。一日かと思ったら二日、二日と思ったら三日……でも、人間慣れていくんです。そして、生活に新しいリズムができてくるのです。

おっと、四月に泣く子ばかりではありません。順調そうに見えて、緊張がとれた五月頃泣き始める子。お兄ちゃんみたいにあそんでくれる人がいないから「こんなとこ、おもしろくない！」と訳がわかって泣き出す子。いろいろいます。でも、六月半ばにもなると平穏な日がやってきます。行くことが〝あたりまえ〟になるのです。

お母さんも切ないのをこらえて、子どもの背中をちょっと押して見守りましょう。子どもの前には、子どもが見えてくるのですから。子どもは子どもを見て大きくなっていくのですから。

泣いて踏み出す一歩

新しい子どもたちとの出会いは、やっぱり楽しみです。泣いたり、すがったり、あばれたりする幼い必死な姿にはなんとも感動してしまいます。

もっとも、年を重ねて保育経験が豊かになればなるほど、無条件に子どものあどけなさを愛《いと》おしいと思うようになった気もします。新卒で初担任したときは、子どものように必死で、一緒に泣きたいくらいでした。一日が終わると深呼吸をし、一週間が終わるとぐったり疲れて昼まで布団の中。その繰り返しをしていくうちに、だんだん子どもに馴染《なじ》んでいき、自分を少しずつ取り戻していきました。保育者としての生活リズムができたのは五月半ば頃だったでしょうか。

新入園といっても四歳児から入ってきた子どもたちは、泣いたり、すがったりという姿の子はあまり見られません。二、三歳児のようにお母さんが帰ってしまうことが、二度と会えないことではないとわかっているのでしょう。

四歳のゆうちゃんもちょっとこわばった顔をしながらも、お母さんとスムーズに別れました。保育者に頼ることも知っていて、ちゃんと手をつないできます。だんだん、気持ちもほぐれて保育室の中であそぶことにしたようです。年少から上がってきた子どもたちのあそびを眺めます。やはり新しく入ってきたたくちゃんが気になるようです。いい感じに近づき始めました。一緒にブロックをしています！

気持ちが少し軽くなったのでしょう、外に出ようと玄関に行ったのですが、大変！はいてきた長靴がありません！　もう、パニックです。とうとう、大きな口を開けワーンと泣きました。どうやら、長靴は他の子が間違えてはいていたようです。保育者があわててゆうちゃんに手渡しました。でも、ゆうちゃんは長靴を胸に抱えて泣き続けます。身体の隅々までたまっていた「がまん」を吐き出すように声を上げて泣き続けました。

こんなふうに自分を何とかごまかしながらがまんをしている子は、ふとしたきっかけで、堰が切れます。でも、これが大事です。ほとんどの場合、思いっきり泣いたあとには気持ちが落ち着きます。「泣く」というのは人間が持って生まれたすばらしい表現方法です。感情を吐き出したり、気持ちを落ち着けたり、人の気持ちを引き寄せたり……。それを上手に使えるのが子どもです。

そして、ゆうちゃんのように、泣くことが初めの一歩にもなるのです。

ママ、バイバイ

入ったばかりの二歳児のあすかちゃん。朝、保育者に抱き取られると泣きます。お母さんはちょっと後ろ髪を引かれるように立ち去りますが、しばらくすると自分から降りてあそび始めます。三日目の朝も保育者に抱かれて泣いていたのですが、何やらつぶやいています。耳を澄ますと「じぶんで」「じぶんで」と言っているじゃありませんか。あわてて保育者は床にあすかちゃんを降ろしました。すると、お母さんが見えるところまで泣きながら走っていって「ママ、バイバイ」と手を振ったのです。

ここちゃんは、泣かないでお母さんと来ました。入り口前の階段をお母さんの手を離し、ひとりで上り始めました。「いちばんうえで」「いちばんうえで」とつぶやきながら黙々と上っていきます。十三段の階段の上についたとき、初めて後ろを振り返りました。そして、下で見守っているお母さんに「バイバイ」と自分からしたのです。しゅうちゃんは出入り口の柵にしがみついて「ママー」と泣いています。今朝初めて泣きました。もう十五分くらい泣き続けています。「ママ行っちゃったね」と声をかけると「あっち」と言います。「あっち、行っちゃったね」と言うと「あっち、あっち」と外を指さして泣きます。泣きやむ気配がありません。「じゃあ、あっちにママを探しにいこうか」と言うと、ちょっと元気が出たようです。二人で手をつないで道を行きます。もう、泣いていません。

やがて、道の角に来ると「あっち」の方向が変わりました。そうです。ちゃんと自分が来た方向がわかっているのです。「どこで、気持ちを切り換えてくれるかしら」「これ以上は遠くに行きたくないな」などと心の中で思いながら、彼の「あっち」につき合っていました。

「ママいないねぇ」と言うと「おうちのなかでバイバイしたかった」と返ってきました。いつものように保育室の中まで来てほしかったのに、今朝は玄関でママが帰ってしまったということのようでした。「そうか、ママ急いでいたんだね。お部屋の中まで来てほしかったのにね」と答えました。すると、しゅうちゃんの気持ちが落ち着いたようです。「この細道行ってみよう！」と、りんごの木に通じる近道に誘いました。すんなり、ついてきます。草についた小さな赤い実を見つけ「ママにおみやげ」と、しゅうちゃんはポッケに入れました。

日を重ねていくごとに、園生活の不安は少なくなっていきます。そして、こんなに小さい子どもでも、子どもなりの「つもり」があるのです。おとなのつもりがあるように、子どもにもつもりがあったなんて驚きですよね！

風

五月初めのゴールデンウィークは、子どもも保育者もありがたいお休みです。四月から緊張して頑張ってきたので、ふっと力を抜くにはいいときです。

ところが、休み明けに元気にスタートできるのはおとなばかり、二、三歩後退する子どもが続出します。おとなは頭の中にカレンダーを持っています。連休が明けることは想定済み。ところが子どもはカレンダーなんて持っていません。毎日休みが続き、もう、これで園生活は終わりかと思っていたのかもしれません。

遠慮のない声で泣き叫びます。あばれます。でも、これももう一息です。だって、保育者がオニでないことはすでに知っています。園が怖いところでないことも知っています。第二ラウンドのスタートは、第一ラウンドのパニックとは違います。対応する保育者も初めのように動揺はしません。

この騒動が一段落した頃、気候がよいのでうまくいくと「お散歩に行こうか」ということになります。

りんごの木では、まず初めは五十メートルくらい先にある「かりん公園」に出かけます。「かりん公園にお散歩に行こう！」と誘うと、ざわざわと集まってきます。不思議と流れと逆行して部屋に入っていった子が、リュックを背負って戻ってきました。「お弁当は帰ってきてからだから、置いていこう」と保育者が言いますが応じません。自分の持ち物を自分が留守をする場所に置いていけないという気持ちでしょう。「まあ、じゃあ、持っていくのね」と言われて笑顔になります。

「いってきまーす！」と、遊歩道を歩きます。いえ、走る子もいます。保育者に「おてて、おてて」と不安でしがみついてくる子もいます。途中でしゃがむ子もいます。保育者は羊飼いのごとく群れをまとめて歩きます。

公園の入り口に着くやいなや、だいたいの子は遊具めがけてクモの子を散らすように走っていきます。中でも一番人気はブランコ。滑り台や砂場、そして水道、木の枝に目がいく子もいます。

子どもはブランコや滑り台が好きですね。揺れることや風を感じることが気持ちいいのでしょう。

滑り台のてっぺんでじっと空を見上げていた子がいます。ずーっと。近づいてみたら「はっぱがゆれてるの」と目をそらさずにひとこと。いつもは届かない高い位置にある木の葉が、目と鼻の先で揺れるのに魅せられていたようです。やわらかで、繊細な感性です。

外に出ると子どもの心の窓が開き、風が入っていくようです。

五月の風、親子でも感じてみてくださいね。

名前は知らなくても

子どもが花を手に持って登園してきました。「あら、きれい！　なんていう花かしら」と、つい言ってしまいました。するとし、子どもはしおれた花のようにシュンとしてしまいました。しまった！　と思いましたが、あとのまつり。「きれいな花ね。ありがとう」と言えばよかったのです。

「おばあちゃんちにいったの」と連休明けの子どもがうれしそうに言いました。だのに「あら、よかったわね。おばあちゃんちはどこ？　新幹線で行ったの？」と、これまた余計なことでした。おばあちゃんに会ったうれしさを話したかったはずなのに。子どもの目は宙をさまよっていました。幼稚園の先生一年目のことです。

園から帰ってきたとたん「きょうは誰とあそんだの？」と聞いていませんか？　子

どもが「おともだちとあそんだ」と言うと、すかさず「なんていう子」と返していませんか？

園生活が少し慣れた頃、たくさんいる子どもの中に、気を引かれる特定の子どもが見えてきます。でも子どもは「おともだちになりましょう」「おなまえは？」と近づくことはありません。

三歳児のたかしくんはりょうちゃんが気になるようでした。後をついて回ります。ちょろちょろ走り回るりょうちゃんの後をついて走っていたら、正面衝突してしまいました。りょうちゃんの方が小柄だったので、尻もちをついてしまいました。たかしくんは困った顔で、泣いているりょうちゃんを眺めていました。

しばらくするとりょうちゃんは、砂場でままごとの鍋に砂を入れ始めました。たかしくんは脇で見ています。ちょっと、砂を投げ入れてみました。りょうちゃんは顔を上げずに無反応です。その後、滑り台に行ったりょうちゃんを、また、追いかけていきました。また、ごっつんこ。

お弁当の後も砂場に行ったりょうちゃんをたかしくんは追いかけました。大きな砂山のてっぺんにりょうちゃんが仁王立ちになっています。すると、たかしくんは大きなシャベルを二本持って登っていきました。りょうちゃんの前に立ち、だまって一本のシャベルを差し出したのです。なんと、それをりょうちゃんは受け取りました。二人の間にフッといい空気が流れました。

たかしくんは一日中「あそぼ」とりょうちゃんに言い続けたのです。そして、とうとう「いいよ」と言ってもらえたのです。言葉ではないコミュニケーションで子どもの関係は作られていきます。たぶん、このとき「たかし」「りょう」という名前さえ気づいていなかったのではないでしょうか。

おとなはきちんと言葉でわかりたい欲求を優先してしまい、子どもの気持ちを萎えさせてしまうことがあります。私たちが失ってしまった素敵な感性や能力を子どもは持っていると思いませんか？

園の顔、家の顔

ひろこちゃんがお母さんとやってきました。にこにこと穏やかな笑顔をしています。「いやがらずに来ていますし、楽しんでいるようです」とお母さんはおっしゃいます。ところがです！　園内では一言もしゃべりません。でも、子ども同士は言葉がなくてもコミュニケーションがとれるので、言葉を使わない不自由さはないようです。そぶりでほとんどのことが通じてしまいます。まりちゃんという仲良しまで、できました。それでもやっぱり、園では口を閉ざしたまま。

それがなんと、降園時間に迎えにきたお母さんとりんごの木の階段を降りたとたん、口が開くのです！

「きょうね、ともちゃんとあそんだの。えーとね、かみしばいもみたよ……」と、一日の解説を始めます。ちゃんと、子どもの名前も知っているのです。一日の流れまで順序立てて話せるのです。

「うちではおしゃべりなのです」とおっしゃるお母さん。どうして？　なぜ園では一言もしゃべらないのでしょう。担任はまだ信用されていないのだろうかと悩みます。でも、困ったときはちゃんと頼りにしてきます。理由ははっきりとはわかりません。ともかく、本人が「しゃべらないことにする」と決めているのでしょう。

でも数カ月後、ひろこちゃんはつい、い、しゃべってしまいました。それからはおしゃべり上手なひろこちゃんになりました。

すーちゃんはちょっとおすましした女の子。かといって引っ込み思案というわけではなく、子どもらしい元気な子です。話もよく聞くし、理解もできます。

お母さんが心配顔で「どうですか？」と園での様子を聞かれるので、「だいじょうぶですよ。よくあそべています」と答えていました。お母さんはちょっと首をかしげます。そこで、家での様子を聞いてみると「家では、すごくわがままです。園に入ってからはなおさら、玄関を入るやいなや手がつけられないほど大暴れするんです。しばらくすると気持ちが落ち着くようですが……でも、赤ちゃんのときからむずかしい子でした」とおっしゃるのです。お母さんにしてみれば、園が魔法を使っているようにさえ思えるということでした。一年の終わり頃、すーちゃんは園でもカンシャクを起こすようになりましたけれどね。

ほとんどの子が多かれ少なかれ、園での様子＝家での様子ではないのです。誰しも外の世界に行くときには、ちょっと覚悟がいるのです。内と外でバランスをとるのです。そして、親に見せる顔と、先生に見せる顔と、子ども同士で見せる顔の三つの顔を持ちます。それは、良いとか悪いとかではなく、生きていく力のひとつです。

親と保育者は、子どもが自分に見せてくれる顔を伝えあいながら、子どもの育ちを見守っていく〝相棒〟になりましょう。

おはなしがあったのに

四歳児のそうちゃんが、駅に向かって走っていきます。あら、大変！　家に帰ろうとしているのでしょうか。あわてて保育者と数人の子が追いかけていきます。私も急いで追いかけていきました。追いついた保育者と子どもが円陣を組んでいる中にそうちゃんがいます。私ものぞき込むと、そうちゃんは怒って手足をバタバタさせながら泣いています。

通行人の邪魔になるので、その場は任せてもらうことにして、みんなに帰ってもらいました。

「怒っているんだよね！」と声をかけて、私も隣にしゃがみました。「そうだよ、まゆみが！」と言います。まゆみというのは保育者の名前です。「そうか、まゆみに頭にきてるんだよね」と言うと「そうだよ。ぼくはママにおはなしがあったのに、むりにはなした！」と言います。

「そうだよね。お話があったのにね」と、訳がわからないままに同調します。頭にきているときは筋道立てて話すことはできません。うん、うんと寄り添うのが一番です。そうちゃんは少し落ち着き始めました。

「ママにお話があったのに、まゆみが無理に離したのね」と言うと「うん」。しばらくの沈黙の後「じゃあ、ママに電話するのはどお？」と提案すると、「うん」と言って立ち上がりました。

ふと気がつくと、そばにそうちゃんと双子のなっちゃんが立っていました。なっちゃんは立ち去れずに黙って見ていたのです。この二人は転園して間もないのです。なっちゃんと私はまだ手をつないだことがありません。ところが、そっとなっちゃんが私の手を握ってきました。その手は「そうちゃんがこんなことになってしまった。あいこさん、よろしくおねがいします」と言っているようでした。

三人で手をつないで戻ってきたのですが、玄関の目前で、そうちゃんは「もういいや」と私の手を離してあそびにいってしまいました。

しばらくして、機嫌が直ったそうちゃんとまゆみ先生が向き合って話をしました。「ぼくはママにおはなしがあったのに、むりやりはなしたからいやだった」とそうちゃんは言いました。まゆみ先生は「今朝、お母さんは急いでいた。でも、そうちゃんがぐずぐずしていたから、もう待てないと思って強引に離した」と言いました。「ママにどんなお話があったの？」と静かに聞くまゆみ先生に、そうちゃんは「もっと、ママといっしょにいたかったの」と、うつむいて答えました。

まゆみ先生は「そうちゃんの気持ちわかってあげなくて、ごめんね」と謝りました。仲直りができました。

親のつもり、保育者のつもり、そして、子どものつもり。むずかしいですね。子どものつもりになかなか耳を傾けられないのが、おとなの現状かもしれません。

あそびに向かって

六月の朝です。「おはよう」と顔を合わせ、靴を脱いで玄関から中に上がる、リュックを置き、さてなにをしようかと眺める……ここまでを緊張しないでできるようになってきました。

警戒心が薄れ、一日のリズムと、建物の構造、おもちゃなどのありかが把握でき、やっとほっとした表情が見られるようになるときです。

砂場では大きなシャベルで、保育者が砂山を作っています。どんどん高くなります。子どもの目が光ります。ところが、子どものやることは山の上にのって崩すこと。「あーあ」と言って、また砂を盛っていく保育者をしばし眺め、高くなったところでまた崩す。キャッキャキャッと声をたてて喜び、隣にいる子と顔を見合わせます。この繰り返しが、こんなに楽しいんですね。

そばでは、鍋に砂と水を入れて、かき回している子がいます。葉っぱや石ころも入れてかき混ぜます。土を入れたり砂を足したりして、程よい柔らかさにします。「たべていいよ」と差し出され「まあ、おいしいこと！　これ、なんですか？」と聞くと「カレーです」。そう、外観がどうであろうと、自分の思いで作る料理です。

カップに砂を入れて逆さにし、プリン型を作っている子もいます。そっと、カップを持ち上げるときの真剣な顔と対照的に、うまくできたときの表情はこの上ない幸せ顔です。保育者が上に木の枝を立て「ハッピーバースデー　ツー　ユー」と歌い出すと周りの子も寄ってきて、みんなで手をたたき始めます。フーと息を吹きかけて、ろうそくを消します。そう、木の枝はろうそくにしか見えません。

室内では、長い長いブロックの線路ができ、空き箱の電車が走ります。

何かになりきってポーズを取り、「エイッ！　ヤー！」とひとりで戦っている子もいます。つられてやり始める子が加わると、まさに元気者集団。朝の泣きべそ顔はどこへやら。

バレエを踊っている子もいます。手を伸ばし、鼻は上向き、おちょぼ口、お姉ちゃんのバレエのおけいこをしっかりマスターしているようです。気分はね。

こんなふうに、日々、気持ちがほどけてあそびに向かっていきます。

もちろん、まだ保育者と片手をつなぎながら見ている子もいますし、元気そうに見えるのにトイレに行けない子もいます。「今日は、なにしてあそんだの？」というお母さんの質問には、ほとんどの子が答えられません。

でも、ちゃんと子どもは子どもを見ています。

いままでやったこともないあそび、魅力的なあそびが目に飛び込んでいきます。

安定した子ども自身の毎日が始まります。

思ってもみなくて

この春入園した子は、まさに激動の二カ月を過ごしてきました。なんといったって生まれてまだ数年の子が、命綱である親から離れて外の世界に放り込まれたのですから必死です。

建物も家とは違うし、こんな大勢の子どもを見たこともなかったでしょう。「せんせい」という名前の人がいることも初めて。園で当たり前に使っている言葉だって、子どもにはわからないことだらけだったのです。

「みなさん！」と呼ばれたら、自分も含まれているなんて思ってもいませんでした。「おあつまり」。集まるなんて言葉は、家では使ったことがありません。「みんなのもの」。ぼくのもの、あの子のものはわかりますけど、みんなのものって？　園のおもちゃが子どものカバンから出てくることもあったのではないでしょうか？　自分が使っていたら、自分のものと思っちゃいますよね。

「おかたづけのじかん」。みんなで一斉にかたづけるという時間が来たなんて思ってもみないことです。

「ならびましょう」。公園の滑り台で、お母さんに肩を押さえつけられながら「じゅんばん、じゅんばん」と言われましたから待つことは知っていますが、電車のようにつながるなんて知りませんでした。

子ども同士の関係もそうです。

誰かが乗っているブランコをじーっと見ていたかと思うと、突進していって突き落としてしまう子。それは「ブランコがやりたい」ってことなのです。

つなげたブロックを置いたまま他のあそびをしていたのに、そのブロックを手に取ったら、いきなりワッと噛《か》んでしまう子。「それは、ぼくがつかっていたんだ」ということ。

人形を持っていたら、無理矢理もぎ取ろうとする子。「かして」または「にんぎょうじゃなくて、わたしとあそぼう」ってこと。

いきなりぎゅーって抱きついてしまう子。「だいすき!」ってこと。

こんなふうに、今まで見たこともない他の子のやり方に、驚いてしまう子もたくさんいました。

てんでんばらばらの体験をしてきた、てんでんばらばらの子どもたちがあつまって、まだまだまとまるわけがありません。上手にコミュニケーションできるわけがありません。でも、押して泣かれて、泣かれて困って、噛みついて怒られて、怒られて泣いて……いろいろあって少しずつ通じるようになってきたのです。

四月からの嵐のような日々も、六月となれば落ち着いてきます。

体験を通してこそ、園のことも、他の子のことも、だんだんわかってくるのです。

ちょっと余裕が出てくる頃、ちょっと気になる子と友だちの芽が出始める頃です。

雨であそぶ

霧雨が降ってきました。

「部屋へ入ろう」と誘うと「ダメ！　だっておひめさまなんだから」。

二人の三歳の女の子が向かい合っています。

「さやちゃん、きれいだよ。みてみて！」と言います。

見ると髪の毛につぶつぶの小さなしずくが、まるで宝石をちりばめたようについています。手を髪にかけないように、うれしそうにそおっと立っています。

散歩の途中に雨が降り始めました。

五歳のいまちゃんが「あめって、かみさまのおしっこなんだよ」と言います。

私が驚いて「へー。そうなの？」と返すと、「だからくさいでしょ？」と言います。

私は鼻をクンクンさせて「臭くないよ」と言うと、「えー、くさいよ。こどもにしかわかんないいんだよ。あいこさんはおばさんになっちゃったから、わかんないんだ」なんて、失礼なことを言います。近くにいる子どもは聞こえているのに黙っています。まるで賛成しているように。

今度はあきちゃんが「あのさ、かみさまのうんちはなにかしっている？」と言いました。いまちゃんは「かみなりだよ」と自信ありげ。

私はまたもや「へー？」。

あきちゃんが言いました。「かみさまのうんちはゆきだね！」。

雨が降り始めたというのに、子どもたちのおしゃべりは弾み、いっこうに急ぐ気配がありません。

雨がざーざーと降っています。だのに、外に出て行く子がいます。

傘の柄を上に向けて雨を集めています。集まると、逆さまにしてザーッとかぶってケタケタ笑っています。同じように傘を持って出ていった三人は、何本も傘を集めてまあるく置いて重ねます。「おうち」と言って中に身を寄せて入っています。

前日からの雨で、庭には大きな大きな水たまりができています。おはようと言うが早いか、ピチャピチャと勢いよく駆け抜けます！　次々と行きます。すると、ことみちゃんがパチャン！　と前に転んでしまいました。次の瞬間、彼女は弾けるような笑顔で起き上がってきました。そして今度は、まどかちゃんと手をつないで走ります。わざわざ、二人で転びます。どんどん大胆になり、他の子たちも一緒になって水の中にスライディング！

そろそろ身体が冷えてきたかと思う頃に「部屋に入るよー！」と声をかけます。全身びしょびしょどろどろなのですが、子どもたちはなんともスッキリした満足顔です。

「雨の日が好きな人？」と聞いてみました。ほとんどの子が「はーい！」と手をあげます。どんな天気でも、楽しめてしまう子どもって、やっぱりあそびの天才です。

仕事であそぶ

どしゃぶりの翌日、公園に大きな水たまりができていました。水たまりというより池に近いほど大きいです。子どもの長靴では水が入りそうな深さでもあります。

水はけが悪いので、水をほうきで下水口の方に掃き出すことにしました。下水口は公園の出入り口の階段を降りた歩道にあります。ひと掃きすると、半分くらいの水が戻ってしまい、一向にはかどりません。そこで、いいことを思いつきました。あそび用の雨樋《あまどい》を持ってきました。階段から下水口までつなげて流すのです。ほうきで雨樋に向けて掃くと、勢いよく流れていきます。

こんな面白そうな仕事を子どもがほうっておくはずがありません。「やってあげる」と、ほうきは子どもに取られてしまいました。下水口へのカーブの樋のつなぎ目がはずれては、四苦八苦してつなげています。とうとう、すっかり子どもたちに占領されてしまいました。私は仕事だったのに、子どもにとってはあそび？　です。でも、ねらい通り、水たまりの水は減っていきました。

昔から子どもはおとなの仕事に「おもしろそう」と魅せられ、あそび心をかき立てられてきたように思います。家を建てている大工さんの仕事をじーっと見ていて、釘が打ちたくなる。子どもが釘を口に含んで大あわてしたこともありました。

左官屋さんは特に魅力的。左官ゴテを用意してあげれば、泥を板や壁に塗る作業は、三歳児でもはまります。散歩も工事現場で必ずひっかかります。

フラワーアレンジメントも好きです。使い古しの花用のオアシスを用意しておくと、結構センス良く雑草をいけます。料理に至っては、毎日お母さんの手順を見ているのですから、かなりくわしいです。

ある日曜日、あゆむくんのお母さんは寝坊をしていました。ところが、台所からいい匂いが……。あわてて見に行くと、四歳になったばかりのあゆむくんが、目玉焼きを作っていたそうです。ちゃんとフライパンに油をひいて、卵を割って、上出来だったそうです。火を扱うのですからお母さんは大あわて。「こんどやるときは、ちゃんと言ってね」と注意したそうですが、本人は鼻高々。お母さんは教えたこともないのにと感心していました。

子どものあそび心のネタは、そこかしこに散らばっています。そして、それはおとながさせたいことではありません。子どもにとっては、おとなのしていることが魅力的なのです。

そのあこがれが、「ごっこあそび」というかたちになって実現するのが常です。おとなの仕事、子どもたちの心をもっともっとかき立てていきたいですね。

夏

水あそび

気温の変化に敏感な子どもたち、ちょっと暑くなるとすぐに水あそびが始まります。そのあそび方は、年齢によって随分違います。

二、三歳児は自分で扱えるくらいの水が好きです。つまり、水道や水たまり、お風呂の水は好きですが、プールや海は怖いのです。洋服や靴はぬれてもへいちゃらなのに、顔にかかろうものならビービー泣きます。

あー！　蛇口をひねって、水を出しっぱなしにして眺めている子がいます。近づいてみると蛇口を右に左に回しています。どうやら、蛇口の回し方で水の量が変わるのを発見したようです。ヒェー！

あー！　水を出しっぱなし、その下にはままごとの鍋が逆さまにして置いてあるので、ピャーピャーはねています。ため息をついていると、鍋はバケツに換えられました。どうやら、物によってはね方が違うのを発見してしまったようです。ヒェー！

あー！　ビニールプールに水を溜めるために入れていたホースを取り出して、ホースの先を指で押さえている子がいます。水はプールの中ではなく、遠くに撒かれているじゃありませんか。ホースの先を押さえている指と同じくらいの力が唇にも込められてとんがっています。指で押さえると遠くまでとぶなんてこと、他の子が見逃すはずがありません。次々と集まってきます。ヒェー！

溜めた水でもあそびます。器から器に真剣な表情で水を移し替えている子、水を土にかけると色が変わることが面白くてジョウロで歩き回っている子、砂にかけてもかけても「どんどんのんじゃう」と言ってる子、やっぱり子どもにとって、水は何よりのあそび友だちです。

四、五歳児になると、水とのつき合い方はぐーんと変わります。プールに行くのがうれしくなります。もちろん顔に水をかけられるのをいやがる子も、お腹より深い方には行けない子も、浮き輪をはずせない子もたくさんいます。でも、見てるんです。

他の子のことを。そして、あるとき、挑戦が始まります。

ほら、口から鼻へと徐々に水位を上げていっている子がいます。とうとう、顔全面が水に浸かりました！

ほら、プールサイドに上がって、浮き輪をはずしてきた子がいます！

顔を上げたまま両手をのばし、底を蹴っては前に進む繰り返しをしている子がいます。「ここまできてごらん」と手を差し出すと、ジャンプして私の手をつかみました。

「これで、顔をつけると、泳げるよ」と声をかけたら、勇気を出してやりました！

水の中で浮く感じをつかむと、もう、喜々として、水を得た魚状態です。

不安な顔が、緊張と挑戦の真剣な顔になり、やがて喜びに輝く、そんなドラマを見せてもらえて、もう、こたえられません！　うれしい水の季節です。

お泊まり保育

　五歳の年長児ともなると、友だち関係も深くなり、活発にあそびます。「今度、みんなで泊まろうか」と提案すると「いいよ！」と元気な声が返ってきました。「じゃあ、歯ブラシやパジャマも持ってこなくちゃね」と続けると、ちょっと真剣な表情に変わり始めます。「この日にしましょうか」とカレンダーを取り出すと、背中が丸くなって身体と気持ちが少し引いていくのがわかります。話が具体的になり「ほんとのことになりそう」になると、心配なことが頭をもたげてくるのです。「とまりたいけど、もしかしたらそのひ、バレエかもしれない」「ぼくも、たしか、ようがあったかも」なんて言う子も現れます。「とまる！」と元気に言っている子は三分の一くらいに減りました。

子どもの心配は「寝るとき、お母さんと一緒じゃない」「おねしょをする」「指しゃぶりをする」「ぬいぐるみやタオルがなければ寝られない」「お母さんのおっぱいを触らないと……」ということです。

園では立派な年長児。小さい子たちの世話もし、生意気な口もきき、サッカーだ氷オニだと活発にあそび、話し合いまでできる子どもたち。夜の実状は、昼間を共にしている仲間たちに、見せたくない、見られたくない姿でもあるのです。

さあ、葛藤が始まります。「泊まれないなんて格好悪くて言えない。それに、なんだか面白そうだから、泊まらないと損をするかもしれない。でも、でも……」といったところです。

どうして私が子どもたちの心配を知っているかというと、お母さんから内緒で教えてもらうからです。おねしょや指しゃぶりは恥ずかしいことではないと話すと、子どもたちの告白が始まります。おむつメーカーの話にまで発展したりと、いつもは見せないもう一つの自分を出してきます。

「お母さんの写真を持ってきて枕の下に置くといい」などと、乗り越える方法も一緒に考え出します。

前日、「みんなで泊まろうか」と再確認します。「うん！」ちょっと勇気を出した、元気な声が返ってきました。

そうはいっても、当日、夕方から夜はやっぱり大変。指が口に近づくとフッと脇に戻す動作を繰り返している子、布団をかぶってメソメソしている子……全員が寝付いてくれるのは夜中の十二時過ぎです。

翌日、寝足りない顔をしながらも「おれ、とまった！」と鼻高々の子どもたち。親たちも、見たことのないほどの温かな表情で迎えに来ます。保育者は疲れながらも、子どもたちに頼りにされて「うちの子」感覚になっています。

おとなたちはお泊まり保育で、共に育てるという体験をさせてもらっているのではないでしょうか。子どもたちは、親以外に大事にしてくれる人がいる安心感の中で、仲間と共に自分に挑戦し、一枚脱皮していくのだと思います。

どうして、こうも……

子どもはどうして、こうも棒っきれが好きなのでしょう。散歩に行くと、必ず拾います。大きな木の幹や葉っぱを叩いているときの顔は、届かないところに手が届く満足感で輝いています。薪拾いのように小脇にたくさん抱え込んで帰ってきます。「家のベランダは薪置き場」になっている方も多いのではないでしょうか。

棒を持つと強くなった気分にもなります。「エイ！」「ヤー！」と、威勢がいい三歳児。しかし、棒が人に当たらないようにコントロールすることができず、泣く騒動になることもしばしば。危なくないように、新聞紙を丸めて、痛くない棒を用意したりします。新聞の刀に鍔《つば》をつけてあげれば、もう、ぼろぼろになるまで大事に使ってもらえます。チャンバラごっこは、いつの時代にも健在です。

子どもはどうして、こうも水あそびが好きなのでしょう。水たまりがあれば、わざわざはねを上げて走ります。半分は自分の服にかけながら水まきします。器から器へ真剣に水を移し、あふれているのに止められない二歳児。ホースの先を押さえると、遠くまで水がとぶことに気づいた三歳児は、ホースを蛇口から抜くまでやめません。色水あそびに夢中の四歳児は、花や草を採ってきては指先でぐちゅぐちゅこねていま す。五歳児は水たまりにスライディング！

子どもはどうして、こうも「うんち」「おしっこ」という言葉が好きなのでしょう。三歳から五歳くらいまで続きます。「おしり」「おっぱい」も大好き。なぜか特別な魅力があるようです。ゲラゲラ笑いながら、言い合って喜んでいます。「ばか」も頻繁に使います。怒っているとき、警戒しているとき、威嚇するとき、他に表現する言葉を持たない幼い子にとっては、オールマイティーの言葉のようです。

園に慣れて、やっと、毎日スムーズに行ってくれるようになったと思ったらどうでしょう。棒は振り回すし、水あそびでびちょびちょにするし、「ばか」「うんち」「おしっこ」の連発……あー、園に行くようになったら、歓迎できないことばかり学んできてはいませんか？　今まで「いい子」にと気遣って育てていたのはどこへやら。おとなの思う「いい子」は、子どもたちの世界ではありえないことだったのです。保育園や幼稚園は、子ども基準の生活です。そうすると、こんなことになっちゃうのです。

でも、その中でちゃんと人の気持ちや、言葉の使い方、一緒にあそぶ方法を学んでいるのです。だいじょうぶ。いつまでも今の段階にとどまっているわけではありませんから、大目に見てください。

みてて、みてて！

五、六歳くらいの子どもって、ピアノを弾くのが好きみたいです。誰かひとりがピアノを弾き始めると、必ず数人が並んでたたき始めます。

ピアノ自体は丈夫にできているので困りませんが、私はうるさくて参ります。それも、曲目は圧倒的に「ねこふんじゃった」。数人がテンポを合わすことなく、我先にと争うように走って弾きます。ピアノを習っているという子でも「ねこふんじゃった」です。

子どもって、あやとりも好きなんです。誰かひとりが始めると必ずはやります。一本の輪にした毛糸を上手に操り、それは器用にやります。どうやって覚えていくのか、どうしてすぐに覚えてしまうのかよくわかりませんが、あっという間に五段ばしごやらカメやら、東京タワーを我がものとしていきます。しかし、初めの一歩はなんといっても「ほうき」。

子どもって折り紙も好きです。教えなくても興味を持ちます。そして、これもはやります。イヌから始まって、財布、だまし舟、手裏剣やメダル、次々と本を読みながら折れるようになっていくのには、感心してしまいます。ちなみに私は本を見てもわかりません。子どもから教えてもらう方がよっぽどわかります。

そして、子どもはできるようになることが自慢です。

始めは、おとなに「みてて！　みてて！」の連発をします。ところが、だんだんおとなには来なくなります。子ども同士で「みてて、みてて」とやっているのです。これ見よがしに見せているときもあります。

自慢できる対象は、まだできない子です。「みてて、みてて」と声をかけ、さらに「おしえてあげようか？　ちゃんとみててね」となっていきます。できない子がいることが励みになるのです。でも、興味を持っていない子にはちっともうれしくありません。そこで、何度やっても覚えられない私がお相手に役に立つというわけです。

いつしか気がつくと、四、五歳児の身体能力も、記憶力も、意欲も素晴らしい勢いで伸びていることに気がつきます。このままいったらどんなすごいおとなになってしまうのだろうと心配するほどのものがあります。

しかし、人間そううまくはいきません。だって、私がそらんじてできるものといったら、ピアノ「ねこふんじゃった」、あやとり「ほうき」、折り紙「つる」、ついでにいうと昔話は「ももたろう」、それしか身についていないのです。いえ、これだけは一生忘れないというほど染み込んでいるともいえます。

今を輝いている子どもがまぶしいです！

やまんばがいた

五歳児を連れてキャンプに行ったときのことです。

川あそびをしていました。川の流れをゆるやかにするための堰がところどころにあります。その三メートルもあろうかと思う段差を、あゆむくんが飛び降りてしまいました。ここを飛び降りるのは、小学生でさえ勇気のいることで、上に立っては息をのんで引き返すという繰り返しをするほどのところです。

あゆむくんは考えたり覚悟したりする間もなく、つい、飛び込んでしまったのでしょう。

無事に着水したあゆむくん、ぶるっと武者震いして立ち上がり、堰を振り返りました。そして、低い声で言いました。「やまんばがいた」。岩陰にやまんばを見たのです。

クラスの仲間は、勇気あるあゆむくんの話に疑う余地もありません。

「やまんば」は、いるのです。

その日から、子どもたちはやまんばが怖いような、でも見たいような気持ちにかられ始めました。

日常の園生活に戻ってからは、四歳児も巻き込んでやまんば探しが始まりました。うっそうと茂った雑木林の中や竹藪《たけやぶ》に入ってきます。古い竪穴住居の歴史公園にも出かけました。

あゆむくんは「やまんば」の姿を再度見ることなく、卒業していきました。が、やまんばの存在は子どもたちの中に受け継がれていきました。

次の年、やまんばの家があるという情報が入りました。大きな山にある公園です。あっちこっちと蛇行しながら山道や竹藪を登っていくと、木の家がありました。家には看板がかかっていました。子どもたちが「よんで」と言います。「休憩所です。ご自由にお使いください」とありましたが、「ここはやまんばの家です。昼間は出かけているのでお使いください」と、私は読みました。

子どもたちは、やっぱり、夜にはここにいるんだと息をのみました。

夕方からでなくては会えないという意見が出て夕方から出かけたり、洞窟にいるという意見が出て洞窟に出かけたりもしました。

暗い場所が好きという情報から、地下駐車場のくらーいところに行ったり、細いビルの隙間に入り込んだり。疑ってみるとやまんばが住んでいそうなところは都会にも結構あるものです。

数年の間に「やまんばさがし」はいつしか「ばけものさがし」という言い方に変わってきましたが、毎年続けられています。見たという子もいれば、まだ見ていない子もいます。

もはやあゆむくんを知っている子はいないにもかかわらず、やまんばやばけものがいるということは、信憑性をもって伝承されています。子どもの心をつかんだあそびは、仲間から仲間へと確実に伝承されていくようです。

夏休み

新しい生活を夢中で進んできて、やれやれという時期に夏休みです。ほっと一息、ちょっと腰をおろしたい気持ちもあるけれど、「やっと、夏休み！　家族でどこかへ行こう！」と、子どもをはじけさせたい気持ちにもなります。

「まず、海に行こう」「そうね、じゃあ次は遊園地ね」と、夫婦で子どもが喜ぶような夏休みの計画を話していたら、じっと聞いていた子どもが「つぎは、ぼくがいきたいとこをいってもいい？」と言ったという、笑い話のような実話があります。親は子どもによかれと思って、いろいろ思案しますが、子どもとずれが生じることはよくあります。

「きのう、どうぶつえんにいったの」と言う子どもに「何がいたの？」と聞いたら、

「セミ」という答えが返ってきました。確かに、遠足で動物園に連れて行きますと、いろんな動物がいることが楽しくて、先へ先へと急ぐ子はあまりいません。チンパンジーの檻《おり》の前、じーっと立ち止まっています。チンパンジーを見ているのかと思ったら、檻の前にある溝にカエルを見つけていました。子どもの視点は低いので、カエルやアリやミミズやダンゴムシはすぐ目に入ります。それに、日常馴染みがあるだけに、気になります。

　ゾウやキリン、ライオンといったいつもは絵本や図鑑で見ているものを、実物で見ているという感動はあまりないようです。ゾウのおしっこやキリンの舌の感触など、思いがけない生々しい動きには目を光らせます。でも、それは怖くもあります。泣き叫び、抱っこから降りられなくなったまやちゃんに「まやちゃん、いつもは動物好きじゃない。どうしたの」と言ったら「だって、あれはテレビのことだから！」と叫びました。テレビや絵本、図鑑の動物が好きということと、実物に愛着をもつということは四歳ぐらいまでは、一致してはいないようです。

　海に連れて行ったら砂に足がつけずに泣き叫ぶ、プールに行ったら抱っこから離れず泣きっぱなしなんてこともよくあることです。

おとなの予測と違う反応をしたからって、怒りださないでくださいね。「せっかく来たのに」「入場料がもったいない」などと思わずに、我が子のペースにつき合ってみてください。子どもって面白いものだなー、何歳になったら同じ視点になるのだろう、くらいにおおらかに楽しみましょう。

そうはいかない人は、出かけないことです。だいたい、夏休みはホッとしてだらだら過ごしたっていいのです。「どこかへ行かねばならぬ」わけではありません。案外、いつもあそんでいる公園にお父さんと行くことや、いつも時間を気にしてせかされている日常をゆったり過ごすことの方が子どもはうれしいかもしれません。

色水あそび

水あそびには「大」「中」「小」の規模があります。

「大」はプールや海でのダイナミックなあそび。五歳児が輝きます。泳げる子の格好よさに刺激を受け、自分への挑戦を始めます。子どもが子どもを見て、勇気を出して一歩踏み出すドラマは、まさに保育園、幼稚園だからこその出来事です。

「中」は園庭に置いたビニールプール程度。二、三歳は安全面も考えると、これで十分。しかし、顔にかかるだけで泣く子もいれば、手足を伸ばしバシャバシャ水をはね上げる子もいて「きゃーきゃー」という喜々とした声と「えーん」という泣き声とが混ざります。静かめのプールと、はちゃめちゃプールの二つが必要になります。

誰でも穏やかに楽しめるのが「小」です。子どもの手に負える水あそびです。あそびの小道具としてはイチゴケースやペットボトル、フィルムのケース、ビニール袋など透明又は白い容器が活きます。中に入った水に光が当たっただけでもきれい！　ビニール袋に水を入れてほっぺやおでこにつけ、ブニュブニュした感触を楽しんだり、端に穴を開けてチョロチョロ出して「おしっこ！」って、大はしゃぎです。

ベビーバスに水を入れて使いますが、その水を色水にすると一段とあそびが膨らみます。赤、青、黄の三原色を用意します。単色もきれいですが、混ぜて色が変わっていくのは魔法のようです。微妙に違う色をフィルムケースに入れて並べるのも楽しい。傘を入れるビニール袋に色水を入れて飾ったり、様々な色水を入れて細かく縛り、キャンディーレイのようにすると、美しいしずくの音楽が聞こえてきそうです。

私が子どもの頃は、身近な植物をあそびに使いました。色水には朝顔の花です。以前、りんごの木で朝顔が咲いたので「この花で色水ができるわね」と若い保育者につぶやきましたら「あー、教科書で習いました」と返ってきました。「やったことはないの？」と驚いて聞くと「やったことはありません」。でも、その保育者は「じゃあ、いろいろやってみます」と言って、子どもとかごを持って散歩に出かけたのです。いろんな花や草を採ってきて、「これ、きれい！」「これは、だめ」と、一つ一つやっては喜んでいました。すてきでしょう？

今は色々な植物というわけにもいかなくて、手っ取り早く絵の具を使ってしまいますが、子どもは発見を繰り返しながら目を輝かせています。目を輝かせて発見していく感性を、私たちおとなも蘇《よみがえ》らせたいですね。

海であそぶ

子どもたちを海に連れていくのは、ちょっと勇気がいります。なんといっても、海は危険を伴います。でも、やっぱり海であそぶ子どもの姿を見たくて、電車を乗り継いで五歳児を江ノ島海岸に連れていってしまいます。なるべく人の少ない時期を選び、おとなの人数を多くして。

しゅんちゃんは海が生まれて初めてです。小さなバケツとシャベルを持ってきました。砂あそびを決め込んできたようです。大半の子は海に向かって走り、波打ちぎわであそんでいますが、しゅんちゃんは海から遙《はる》か遠くに腰をすえ、ひたすら砂でチョコチョコやっています。でも、ときどき顔を上げ波打ちぎわであそんでいる友だちを見ています。

しばらくすると、少し海に近いところに移動していました。とうとう、波打ちぎわにたどり着いたときは一時間半もたっていました。

足の甲が少し波にかぶるあたりに立った彼は、波が引くときの足裏の感触に「うごいている！　うごいているよ！」と目をまん丸にして叫びました。その顔は初めてのことに感動して輝いていました。ふくらはぎまで入って「ふかいねえ、ふかい？」と私の顔を見ます。「うんうん深いねえ」と私が返します。この日はここまでで満足でした。

「昨年の夏は泣いて砂に降りなかった」と、お母さんが話していたまさきくん。砂の感触に慣れるまではこわごわ歩いていましたが、なんとか波打ちぎわまでやって来ました。すると、なんとしたことか、しめった砂の上に正座しました。そして、波が来ると両手を挙げて息を吸い、波が引くときは両手を前に、ひれ伏すような格好で息を吐くのです。波と呼吸を合わせている様子。まるで海の神を崇《あが》めているみたいでした。

巨大な砂場の砂浜で、穴を掘り続ける子もいます。

海では、その子なりの危険意識や緊張感があって、いつものあそびや友だち関係とは違ってきます。友だちの姿が刺激にはなりますが、つられてやってしまうとか、巻き込まれてしまうことがないのです。おとなは危険に関しての注意はしますが、あそび方の誘導はいりません。その子なりの向き合い方があるのです。感嘆している子どもにうなずいて見守っていると、こちらも幸せな気分になります。

海からの帰りは、リュックはずっしり重くなります。ぬれた衣類と、砂と、おみやげの貝殻で。電車のシート周辺には申し訳ないほどの砂が……。ぐったりと疲れてコックリし始める子どももたちの顔からは、たっぷりあそんだ満足感が漂っています。

おみやげ

夏休みに家族旅行をしたももちゃんが、おみやげを持ってやってきました。「みんなでたべてほしいの」と、クッキーが入ったきれいな箱を手渡されました。私はちょっと困ったなと思いました。アレルギー症状が出てしまうので食べられない子がいるからです。

自分では決めかねたので、五歳児である子どもたちに相談することにしました。「ももちゃんがおみやげを持ってきてくれたの。でもね、これはゆうくんは食べられないの。これを食べると体が苦しくなる。どうしたらいいかしら？」と。

「じゃあ、ゆうくんにないしょにすれば」という子がいましたが、「なにいってるんだよ、ゆうくん、ちゃんときいてるぞ！」と諭す子も。「たべられないひとがいるんだから、これはももちゃんにもってかえってもらおう」と誰かが言うと、ももちゃんが泣き出しました。「だって、わたしのおみやげなのに……」。

ほんとに困りました。するとゆうくんが「だいじょうぶだよ。ぼくいらない」と言いました。みんな一瞬ほほがゆるみました。確かに、ゆうくんはみんなと一緒のものが食べられないことに慣れています。でもゆうくん自身もそして他の子どもたちも、そのことを実感を持って受けとめているのかが疑問でした。

そこで「でもね、ゆうくんだけがもらえないって、こういうことだよ」と言いながら、私は棒を食べ物に見立てて「これ、おみやげ。食べてね」と一人ひとりに渡していきました。ゆうくんの前にきたとき、「これ、ゆうくんにはあげられないの」と言いました。口にしたとたん、私は胸が痛くなりました。自分がものすごーく意地悪に思えました。他の子も、ゆうくんも泣きそうでした。

「やっぱりいやだ」とゆうくんは言い、みんなも「ゆうくんにあげないのはいやだ」と言いました。やっぱり言うのはかんたんだけれど、気持ちはそんなにかんたんにはいきません。

ほんとに困りました。

「いいこと考えた。ゆうくんがこのクッキーがもらえなくても残念じゃないくらい、うれしいものをもらえたらどうかしら」と、保育者が言い出しました。

「ゆうくんが大好きな食べものはなあに?」と聞くと、「とうもろこし」と答えました。「じゃあ、みんながこのクッキーもらって、ゆうくんはとうもろこしをもらうっていうのはどお?」と聞きますと、「いいよ!」と明るく返ってきました。

翌日、みんなはももちゃんのおみやげのクッキー、ゆうくんはとうもろこしをいただきました。

このことは「おみやげってなんだろう」と話し合う機会にもなりました。その後、貝殻や石ころ、木の実やパンフレットのおみやげが増えたのはうれしいことでした。

子どもたちといると、無意識にしていることを立ち止まって考えさせられます。

あのときのけんか

卒業していった子どもの話をさせてください。

毎年八月、同窓会代わりのように卒業生をキャンプに誘います。気持ちがむいた子どもたちが参加してくれます。

大学生になったとみたんが、七年ぶりにやってきました。一瞬「誰？」「え！　とみたん！」と、その見事な好青年ぶりに歓喜の声をあげてしまいました。

夜、火を囲んでしみじみとおしゃべりをしました。

幼児期のとみたんは、ほんとによくけんかをしました。真っ赤になって取っ組み合う激しいけんかでした。相手は腕力のあるあきちゃんととおるくん。

あるとき、長引くけんかに「もうやめる？」と確認すると、「やる！」と、とみたんの強い返事。仕方なく見守っていると、とうとう鼻血が出てしまいました。相手のあきちゃんは苦い顔で、「だから、あのときやめておけばよかった」と後悔していました。肝心のとみたんはすっきりと鼻血をふきました。

そんな思い出を私が話すと、彼がこう言いました。

「ぼく、よくけんかしましたよね。たぶん一回も勝ったことはなかったと思うな。はじめは強いあきちゃんととおるくんが怖かったんです。だから逃げていた。でも、たくとくんは弱いのに、いつもあきらめず彼らとけんかしていたんです。それをみて、ぼく、たくとくんはかっこいいなぁと思ったんですよ。それから、ぼくもけんかするようになったんです」と言います。確かに、たくとくんは言葉数の少ない粘り強い子でした。その子を格好いいと見ていたとみたんがいたなんて……。

ここまで聞いただけでも驚いていた私に、「思いっきりけんかをさせてくれたことを、いま、感謝しています。勝つとか負けるとかじゃなくて思いっきりやることの大事さを学んだ気がするんです」なんて、言うんです。けんかは思いのぶつかり合いだから、むやみに止めていません。しかし、そのことでこんなふうに学んでくれるなんて思ってもみないことでした。

とみたんがけんかをしていた訳が、いま、初めて明かされたのです。いえ、彼自身もこの歳になったからこそ、こんなふうに経験が整理されたのでしょう。

子どもは何を糧に育っていくのか予想がつきません。大きくなって明かされることは、ほとんど私が思ってもみないことが多いのです。覚えているできごとも私と子どもたちとでは随分違います。

子どもは自らの感性と体験を通して、子ども自身で育っていくということでしょう。子どものためにと考えすぎるより、私は私らしく、子どもとちゃんとつき合っていくしかないのかもしれません。

「いちばーん！」

「おれ、五さーい」と、てのひらを広げて突き出した子がいます。とたんに「おれなんて、六さーい！」「おれのにいちゃんなんか、十さーい」「わたしのおねえちゃんなんて、八さいだもんね」。あごを突き出して、偉そうに言い合う子どもたち。たった、一、二年の差なんて何なのよ、「私なんて、六十歳なんだから」と返したところで、子どもらは何の反応もしません。

どの子も、日々、年の自慢で競い合います。

そして、もう一つの競い合いは一番！

「おれ、いちばんにきたー」。朝ご飯のおにぎりをりんごの木の玄関の前で食べながら、保育者が来るのを待っていた子がいます。

「おれ、おべんとう、いちばーん！」。どうやら、早く食べられるサンドイッチにしてほしいと、お母さんに頼んでいるようです。

「おれ、いちばんにできたー！」。制作物や絵は雑でも早く仕上げることが大事？　早いから何だというわけではなく、ただ、早いというだけのことなんです。

るいくんとひろたかくんがもめています。道路を一列になって歩かなければならない場所で、どちらが一番前かでもめているんです。初めにるいくんが一番をとったのですが、靴の泥を落としに戻りました。その間にひろたかくんが一番前をとってしまったのです。戻ってきたるいくんは驚いて「おれがいちばんだっただろう！」「だって、おまえ、いなかったじゃないか、だから、おれがいちばんになったんだ」と返すひろたかくん。「だって、どろおとしにいってたんだから」「だから、どろなんかおとしているから、いちばんじゃなくなったんだ」。この二人の言い分はどちらもうなずけます。「両方ともあってる気がするね。るいくんはもともと一番だった。で、泥落としにいって帰ってきたから元の一番に戻る。ひろたかくんはるいくんがいなくなったから、その間に一番になった……」。私も腕組みして困っていると、二人の小突き合いが始まりました。

「けんかで決めるのもひとつかも」と私がつぶやくと、がぜんやる気のるいくん。ところが、ひろたかくんはけんかはイヤだと言い、強引に一番をとって歩き始めてしまいました。怒ったるいくんは「ばかやろー」と怒鳴ったかと思ったらみんなの列を進行方向逆に走りました。なんと、一番後ろについたのです。

子どもたちのこだわりはおとなにとっては意味不明。「そんな、ぎすぎすした人になりなさんな」と思いもします。けれど、こんなに「じぶんが、いちばーん！」とむきになって叫べるなんて、この年頃しかないかもしれないと思うと、ちょっとうらやましい気もします。

とっちゃった

夕方、よっちゃんのお母さんから電話がかかってきました。お母さんは電話口で泣いていています。驚いて「どうしたの？」と聞きますと「うちの子が万引きしたんです。どうしましょう」と、うろたえています。どうやら、コンビニでガムをとってきたようです。それを、友だちに振る舞ったら喜んでくれた。そこで、再度コンビニに入りこみガムをくすねて出てきたところに、隣に住んでいるおばさんと出くわして事がばれてしまったようです。

朝、りんちゃんのお母さんが深刻な表情をして「お話があるんですけど」とやってきました。「昨日、うちの子が自動販売機でジュースを買っていたんです。驚いて、お金をどうしたのかと聞いたら、初めは拾ったとかもらったとか言っていたんですが、問いただすと私の財布から持っていったと言うんです」ということでした。

親は動転してしまいます。「万引き」「泥棒」という恐ろしい言葉が浮かびます。怒りと同時に今までの子育てまでも振り返って悲しくなってしまいます。「ふだんガムを買ってあげないからだろうか」とか、「友だちをガムで釣るだなんて」とか、「たまにはジュースを買ってあげた方がよかったのだろうか」とか、「よそのお金に手をつけたりしないだろうか」などと、頭はパニックになって色々なことがよぎります。

でも、そんなことではないのです。長いこと保育者をしてきましたけれど、毎年のように五歳児（年長）にはこういうことが起こります。子どもはまだ、ほんの子どもだったということです。親をやりこめるほどに口も達者で、理屈もいっぱし、うっかり子どもであることを忘れそうな五、六歳です。

「おかねはだいじ。おとうさんがおしごとをしてもらってくる」「おみせのものはおかねでかう。とったらどうぼうなんだ」と言います。でも、「お金がない」と言うと「ぎんこうでもらってくればいい」とも言います。つまり、口だけで、わかってはいないのです。後ろめたいことであることは感じているけれど「やってはいけないこと」という自覚はできていないのです。

思いっきり怒りましょう！　泣いてわめきましょう、「なんてことしたの！」って。絶対してはいけないことは全身全霊でわからせるほかありません！　さあ、うかうかしてはいられない年頃です。

じゃあ、いい

二学期になったのを機に、二つあるグループのメンバーを変えることにしました。部屋の中に、向き合うようなかたちで、左と右に椅子を並べました。保育者に名前を呼ばれた子が次々と座っていきます。

全員の名前が呼ばれてグループ別に座った頃、「おかぁーさん！」とひろくんの声。眉は情けない八の字になり、涙が潤んでいます。ひろくんは四月に入ってきた四歳児です。

「どうしたの？」と聞くと、「おかあさんに、あいたい」と言います。

「悲しくなっちゃったの？」と聞くと、「ううん」と首を横に振ります。

「いやなことがあったの？」と聞くと、「ううん」と、また首を横に振ります。

「おかあさんに、あいたい」と言います。

「どうしてお母さんに会いたくなっちゃったんだろうね。どきどきしちゃったから?」と聞くと、「うん」とうなずきました。

「どうして、どきどきしちゃったんだろうね。このグループになったから?」と聞くと、「うん」。

全員の子どもがしーんとして見守ります。

「じゃあ、ひろくんは誰と一緒だったらどきどきしなくなる?」と聞きました。ひろくんは向き合う場所に座っている「たかちゃん」と答えました。

「たかちゃんはこっちのグループでもいい?」と聞きましたら、「どっちでもいいよ」との返事。ひろくんの隣の椅子に移ってきてもらいました。

ひろくんは泣きやみました。仲良しになったたかちゃんがいれば大丈夫と心強かったのでしょう。ところがです。いままでたかちゃんと同じグループ側にいたなおきくんの顔がゆがんでいます。

「あら、なおきくんはどうした?」と声をかけると「たかちゃんがいっちゃ、いや」

とべそをかいています。

困りました。あっちを立てればこっちが立たずです。

「ひろくん。ひろくんは、たかちゃんが来てくれてよかったんだけど、なおきくんがあんな気持ちになっちゃった。さっきのひろくんの気持ちだね」と話しました。

しばらく、ひろくんはなおきくんを見ていました。

そして、「じゃあ、いい」と言ったのです。

「たかちゃんが違うグループでも頑張れるの?」と聞くと、目をぱっちり開け首をコクンと下げて「うん」と言いました。

たかちゃんはもとのグループに戻っていきました。

思いがけないことが起きると、子どもは泣いたり、怒ったり、けんかしたりとストレートに表現します。ところがときには、こんなふうに自分以外の子どもの反応が返ってきます。すると、自分の気持ちを人の気持ちの中に見るのです。そして、落ち着いて自分に向き合って考えられるようになります。なんとも魅力的な子どもの心の動きです。

虫取り

九月に入っても暑い日が続きます。そして、セミの声が一段と大きく響きます。りんごの木の周辺は、マンションやビルがどんどん建ち、便利で賑やかな街になっています。

それでも、残り少ない自然を子どもはちゃんと見つけてあそびます。わずかな隙間にも自然物たちはちゃんと生きているのです。

遊歩道の木には、セミがとまっています。雑草が生えた公園のすみに、バッタやカブトムシ、クワガタだって見つかるときがあります。アリやダンゴムシはうようよいますし、マンションの軒下のジメジメしたところには、三角頭のラーメンのようなコウガイヒルというのだっています。どれも、子どもが見つけてきます。さすがだなあとうれしくなります。

三歳児は生きて動くものはちょっと苦手。怖いのでしょうね。丸くなったダンゴムシ、ぺたんこになったカエルの干物、セミの抜け殻は得意です。それでも、生涯の終わりになってありったけの力を振り絞って鳴いているセミは、手の届きそうなところにいますので、虫かごいっぱいに取ることができます。

五歳児には、ほれぼれします。網と虫かごを持って出かける、昔ながらの子どもの姿は健在です。三歳児とは違って、生きて動いているものを取ることに燃えます。子どもの数だけ虫かごがあるわけではありません。何人かで一つのかごを持ち「とれたのは、みんなのものにしよう」と、取り決めをして出かける子どもたち。「どうしても、じぶんだけのものにしたい」と言って、空き箱を使って、虫入れを作ってから出かける子もいます。

子どもたちと歩いていると、木の上と土の上と同時に探すことができるみたいです。「あ、セミがいた!」と、言ったかと思うと「こんなところにアリじごく!」と、一瞬のうちに発見します。貴重なオオカマキリやクワガタを捕まえたときには、見せびらかしたくてすぐにUターンして駆けて戻っていきます。

捕まえたものをちぎったり、きざんだりと、目を背けたくなるようなこともします。かと思ったら、図鑑を見て飼い方を調べ、エサ探しに励むこともあります。生き物とのつき合い方も、昔と変わらずでしょう。

近くの小川がコンクリートで固められたとき、「ザリガニはあのしたにうめられちゃったの?」、原っぱにビルが建ったとき「バッタはどうなっちゃうの?」と聞かれて、返事ができませんでした。「おとなって、いじわるだよな」と言われて、心が痛みました。

自然破壊をいちばん身近に感じているのは、子どもたちかもしれません。

秋

運動会

運動会は家族で楽しみにしている行事のひとつでしょう。ひとりの子どもに、ご両親と両方の祖父母という方も多いです。子どもの場所に家族がお邪魔して楽しむのです。ここではあくまでも子どもが主役です。

ところがです。運動会当日、親から離れない、競技に出ない、泣く、という予想外のことになる子は結構います。だいたい「運動会、運動会」といったって、今まで体験したことがなければ、どんなものかはわかりません。園で練習していることが、当日に結びついてはいないものです。初めてのたくさんの人や、特別の雰囲気だけでも身体が硬くなるのに、トラックのまん中で、お父さんお母さんと離れて、大勢の人に見られるなんてことが平気な子は、めったにいません。初めてのことに子どもは臆病です。

三歳児でしたら、当日はやらないかも、テンション上がっておちゃらけてしまうかも、我をなくして呆然と立ちつくすかもしれない、くらいに思っていてもいいでしょう。三歳でやらなかったからといって、一生運動会に出られなくなるなんてことはありませんから。後日「運動会って、どんなものかわかった！」とばかりに運動会ごっこがはやったりします。初めての子にとっては、終わってからが本番の運動会です。

運動会をすでに経験している四、五歳児になると意気込みが違います。興奮と緊張が表情から読みとれます。大きくなったことを実感させる姿を見せてくれます。

でもね、毎年、その日を迎えるまでにドラマがあるのです。

例えば……りんごの木での運動会の最後のプログラムは四、五歳児の全員リレーです。仲間意識も闘争心も強くなっている時期ですから、自分たちのチームが勝つことに燃えます。ところがです。四歳児のうみちゃんは、いざ、自分の番になると、うつむきながらもじもじと歩いてしまうのです。「どうして、走れるのに走らないの？」

と、聞くと「はずかしいから」と、思いもかけない返事。大勢の観客に見られることを想定しているのです。他にも「はずかしいけれど、がまんしている」「はずかしいけど、はしるとだんだんわすれる」という子もいて驚いてしまいました。

さあ困った！　どうしたらいいのか相談です。数人がうみちゃんの周りを壁のように囲んで見えなくして走るという案が登場。やってみましたが「これはいやだ」と、うみちゃん。

「うみちゃんのすきなひとがバトンをまっているようにすればどお？」という提案がありました。彼女の気持ちが少し動きました。「誰がいい？」と聞くと「ゆいこちゃん」。ゆいこちゃんはずっと体調を崩して休みです。「そのつぎのは？」と聞くと「さーちゃん」。この子は相手チームです。暗礁に乗り上げたような暗い空気。

「うみちゃんが走ってくるのを待っていたい人はいない？」と私が聞くと、五歳児のあきねちゃんが、その役、引き受けたい！　とばかりに、真っ直ぐに手を上げました。うみちゃんの気持ちは上向きになりました。

運動会前日、仲良しのゆいこちゃんがやって来ました！「うみちゃん、よかったね。きょうはゆいこにわたせるね」と、みんなの声も明るい。手を上げてくれたあきねちゃんもほっとしていました。あの場をのりこえるためだったことをちゃんと承知していたのです。そして、うみちゃんは今までになく速く走ってバトンをゆいこちゃんに渡しました。もちろん、本番は真剣な顔をして、ありったけの走りを見せてくれました。

ひとりの子どもがハードルを前にしたとき、こんなふうに他の子の知恵や応援をもらっていくのです。背中を押してもらって、越えていきます。こんなドラマを経《へ》て当日があるのです。立ち会える私は幸せ者です！

地面を掘る

つつじの木の植え込みのまん中に、いつのまにかちょっとした隙間ができてしまいました。子どもが三人、その中に入り込んでなにかやっています。しゃがんで下を向き、黙々と手を動かしています。

「なにをやっているの？」と、上からのぞくようにして声をかけました。

「おいもほっているの」と、振り向いて顔をあげ、「たぶん、こんなにおおきいのがでてくるとおもう」と両手を広げます。「あしたのきゅうしょくに、つかおうね」と言います。三人がシャベルで掘っているのは、なんと、すぐ脇にある大木の木の根っこなんです。でも、でも、お芋と信じて掘り続けている子どもに真実は言えず、私は黙って立ち去りました。

公園のまん中、しゃがんで地面を掘っている子がいるじゃありませんか。近づいて、「なにやっているの？」と聞くと、目を輝かせて言いました。「きょうりゅうのかせきを、ほっているんだ」。どうやら、地面からほんの少し出ていた石を発掘しているのです。「昔、ここに恐竜が住んでいたの？」と聞くと「たぶんね」。自信を持った彼の顔に、「ここは公園だからやめてね」とは言えませんでした。しばらくすると、そこには四人の子どもが群れていました。「後で埋めにこようっと」と、私は胸の中でひとりごと。

いつも活動している空き地には、こんもり土がもりあがっているところがあります。モグラかもしれないねと言っていたら、ある日モグラの図鑑を持ってきた子がいました。そして、子どもたちはモグラの道を掘り続けていきました。

近くには、かつての五歳児が大きなスコップで二カ月も掘り続けた大きな洞穴のあとが残っています。そうでした、このときの子どもたちは「もぐらになる」と言ってましたっけ。

五歳になった頃から、どういうわけか地面を掘ることにはまるようです。小学生の落とし穴作りも、いまだ健在のあそびです。思い起こしてみると、私が小学生のとき「この地面を掘っていくと、地球の裏側のブラジルに着くんだよ」と、兄から教わったことがありました。

秋には芋掘り遠足を計画する園もあることでしょう。お芋がでてくると「あったー」と、とてもうれしそうです。芋を掘りながらも、土の臭いや感触を満喫し、その子なりの地面の中の世界が広がっているのかもしれません。

昔も今も、子どもたちにとって地面の下には、果てしない夢がかくされているのでしょう。

いもほりえんそく

二、三歳児が芋掘り遠足に出かけました。
リュックを背負い、水筒をかけ、長靴をはき、手にはお母さんが絵や字を書いてくれた自分専用のお芋を入れる袋を持っています。ちょっと、特別な日のピカピカの笑顔で門の前に並びます。

「いってきまーす！」とはりきって出発です。遊歩道を歩いて二十分くらいのところにある、いつものおばさんの畑を目指します。

だ、の、に、じきに子どもたちはばらばらに。先を急いで、走っていく子もいれば、植え込みのクモの巣が目に入ってしまい立ち止まる子、しゃがんで石ころを拾う子もいます。リュックが重いのでしょうか、肩からずれおちそうに背負い、ちっとも前進しない子もいます。

先頭集団の保育者は、木の陰に子どもを誘い入れて隠れます。次の子ども集団を待ち「ばけばけばー！」と一斉に飛び出して驚かせます。スピード調整です。子どもにとっては楽しい二十分の行程。保育者にとっては、苦心惨憺《くしんさんたん》の行程です。

畑に着いてからもまちまちの子どもたち。両手で一生懸命土を掘る、やる気満々の子どもばかりではありません。初めての子は、土の下にお芋があることがどうもピンときません。畑の土は気持ちよく、すっかり土いじりを楽しんでしまい、はいてきた長靴を脱いで裸足であそび始めてしまいます。

「あったー！」と言う声に、みんなハッとします。そうです。お芋があるのです。

小さい子どもにとっては、お芋を掘り出すのは案外むずかしいものです。初めてのお芋を、やっと手にしたときにはうれしそうに大事に抱えます。次のお芋に気持ちは向きません。

芋掘りが一段落すると、芋のつるでひっぱりっこ。虫を見つけて這《は》いつくばっている子もいます。モグラの死骸を見つけることも。

畑のおばさんがふかし芋や大学芋を持ってきてくれました。

たっぷりあそんだ帰り道。走る子はほとんどいません。ずるずると袋を引きずっている子や胸に抱えて歩いている子、ときどきしゃがみこんで休憩もしてしまいます。それでも「ただいまー」とたどり着いたときには、満足そうな表情をしています。

たった一本のお芋の子も、袋が破れそうにいっぱい取ってきた子も、お芋の量はこんなに違うのに、満たされた気持ちはみんな同じ量なのです。

そして、迎えに来たお母さん、お父さんにお芋を差し出す顔は、ちょっと上向きの自慢顔！　夕飯は、ぜひ、お芋料理にしてくださいね。

発表会

けんちゃんはシンガーソングライター。三歳児の部屋に置かれているギターを首に掛け、作りながら歌っています。ギターといっても、ギターの形をした板に糸が張ってあるおもちゃです。音は出ませんが、けんちゃんにとっては本物です。一人で陶酔して歌っている時期が過ぎると、コンサートをするようになりました。観客席の椅子も自分で並べ、お客さんを誘ってきて、歌い始めます。みんな、喜んで聞いていました。終わると拍手喝采です。次の日も、次の日も続きました。でも、だんだん客足が遠のいていくようです。「だって、けんちゃんのうた、ちっとも、おわんないんだもの」。気をよくした彼の歌は、日々長くなっていたのでした。

五歳の子どもたちが保育者とミュージカルを作りました。一週間毎日進められ、だんだんと人数も膨れあがっていきました。やがて「見せたい」という気持ちが湧いてきたようです。見せてこそ本番なのです。まずは仲間たち、そして、親たちへと欲は広がります。でも、顔を上に向け背筋を伸ばし、「わたしをみて！」と言わんばかりの面々だけではありません。後ろの壁には「わたしは、ここでじゅうぶん」、舞台脇には「わたしは、しょうめんはちょっと……」という子。さらに舞台下の跳び箱の上で、大きな口を開けて張り切って歌っている子もいます。客席で歌ってダンスの振りをしている子だっています。そして、幕引き、照明、受付係などを引き受ける子どもたちもいます。

　しんくんは張り切って照明係を引き受けました。照明係といっても、部屋の蛍光灯の一部を点《つ》けたり消したりするということだけなのですが、そのタイミングを間違えないように、額に汗を浮かべるほど真剣です。受付を引き受けたあゆみちゃんは、遅れてきた人のためにずっとドアに向かって背筋を伸ばしていました。幕引きのさえとくんも、主役と同じくらい緊張したために転んでしまったほどです。

　同じ年齢でも、見られることが好きな子と、見られることが嫌いな子といます。見るのが好きな子もいるし、見るより出る方が好きな子もいます。おとなもいろいろいるように、子どももいろいろな子がいます。その性格は、一生そうなのか、どこかで変わっていくのかはわかりません。

園生活には行事がいろいろあります。運動会、発表会（お遊戯会）、造形展、参観日、生活発表会……。親にとっては、我が子の成長を眺め、「こんなに、大きくなって……」と、涙したい機会かもしれません。しかし、そのときがその子の全部ではありません。当日、溌剌《はつらつ》としていなかったからといって、〝子ども失格〟ではありませんから、よろしくね。

ごっこあそび

運動会や発表会など、大きな行事を終えると、子どもたちがひとまわり大きくなった気がします。と同時に、仲間意識が強まって、数人でまとまってあそぶ姿が多く見られるようになります。中でも、「ごっこあそび」が、盛んに繰り広げられます。

三歳児の人気はお医者さんごっこ。

「このこ、おなかがいたいんです」と、ぬいぐるみを連れたお母さん役の子が病院を訪ねます。待合室には椅子が並べられ、患者さんがたくさん。でも、自分自身が病気の子はいません。たいてい子ども役のぬいぐるみを抱いています。「つぎのかたー」とお医者さんから呼ばれますと、お医者さんの前の椅子に座ります。「どうしたんですか?」「ねつがあるんです」お医者さんはかしこまった顔でおもちゃの聴診器を当てます。「おなかにおばけがいます。きってだしましょう」と言われたり、「にゅういんです。そのふとんにねてください」「ちゅうしゃをします」と、たいていは重病です。そして、治療はあらっぽいです。

看護師さん役もいます。色紙を折って薬を用意します。入院すると粘土で作った食事も出してくれます。

実際に体験したことや、話で聞いたこと、本で読んだことなどが総動員されます。お母さんの出産を体験した子が「あかちゃんがうまれそうなんです」と、シャツやスカートの中にぬいぐるみを隠しておいて「おぎゃー!」と出す、出産ごっこが登場したこともあります。

五歳児ともなると、より本物に近いことが大事ですから、三歳児とは違い一軒の家にお母さん役はひとりです。

お店屋さんに並ぶ品物は思わず食べてしまいそうに仕上げます。

温泉ごっこやホテルごっこなども登場し、よく見ていると実に感心するほどのしぐさや言葉遣いをします。

絵本からのごっこあそびは、いつの時代にも健在です。特に園で読んだ本は、共通のイメージを持てることもあって『おおかみと七ひきのこやぎ』や『おおきなかぶ』『三びきのやぎのがらがらどん』はお手のものです。トイレのドアであろうと公園のジャングルジムであろうと、「トントントン　あけておくれ　おかあさんだよ」と言えば「てをみせてごらん」「おまえはおおかみだろう」と返ってきます。「カタコトカタコト」と言えば「だれだ！　おれのはしをカタコトさせるのは」となります。もっとも、おおかみやトロルになりたがる子はなく、保育者が引き受けることになりますけれど。

大勢いるからこそそのあそびが花開く秋です。

オニごっこ

いつもあそんでいる公園の木々が色づき、落ち葉が地面を赤や黄色に彩ってくれて、明るく感じます。紅葉葉楓《もみじばふう》という木の葉が落葉していて、手にして揉《も》むと独特の香りがします。掃き集めた落ち葉の山にジャンプしたり潜ったり、子どもはやっぱり眺めるよりあそぶ方が好きです。

「もーいいかい」「まーだだよ」

「もーいいかい」「もーいいよ」

公園で、三歳児のかくれんぼが始まりました。オニは保育者です。

子どもたちはかくれます。でも、すぐに見つかってしまいそうな木の幹の後ろに立っています。いえ、身体半分は見えています。

「じゃーいくよー！」と、オニが歩き出すと、うれしくてうれしくて待っていられません。

「ここー！」と出てきてしまいます。

ちょっと前まで「もういいよ」と言いながら、手で目を覆っているだけの子どももいました。自分が見えないと、人からも見えないと思っているのです。目を開けてかくれるようになっただけ、大きくなりました。

とうとう、かくれる方にも保育者が入りました。やっと、かくれんぼらしくなってきました。木の陰にみんな一緒にかたまって、ないしょの顔です。握り拳をほっぺに当てて、うれしくてゾクゾクしています。

「みーつけた！」で出てくると、「もう、いっかい！」とリクエスト。誰も、オニになりたいとは言いません。好きなことは何度でも「もう、いっかい！」が続きます。

公園から遊歩道にそってのお散歩です。走るのが好きでとっととことっとこ行ってしまう子と、足下の葉っぱやドングリが気になって拾い始め、一向に進まない子との距離は開く一方です。前を行く子どもたちと保育者が、植え込みにかくれます。あとから来る子どもたちがやってきたところで「ばけばけばー！」と登場。「あー、びっくりした！」と保育者が誇張気味に驚くと、ピョンピョンうれしがります。歩きながらのこんなあそびは、もう、何年も三歳児に人気です。

ところで四歳児はといえば、氷オニ。オニにタッチをされるとその場で凍ります。仲間にタッチをされると氷は溶けて、また逃げられます。「高オニ」や「島オニ」「はないちもんめ」など、ルールがあるあそびを群れて楽しみます。

五歳児はここ数年「王さまゲーム」が続いています。ルールは複雑で一口では説明できません。けれど、子どもは説明しなくても、やりながらわかっていくのですからたいしたもの。保育者はリーダーではなく、仲間として加わります。

三、四、五歳と成長に合わせたあそびが、こんなにステップアップしていくのですから、大きくなるってすごいです！

おしゃれ

年長、五歳児の女の子たちが五、六人で机を囲んで何かやっています。

「何をやっているの？」と聞くと「ここは、おしゃれやさんです」と言います。

「おしゃれしますか？」と聞かれたので「お願いします」と言って座りました。

「マニキュアします？」「はい」両手の指を広げて机の上にのせました。

右手と左手にひとりずつの子どもがつきました。

水性ペンできれいに塗っていきます。赤、ブルー、ピンク、オレンジ、黒……指ごとに違う色です。はみだすどころか、一つの爪を二色に塗り分けたりします。

「あしはどうしますか」と聞かれたので「お願いします」と答えました。

足の指もはみださずにきれいに塗られました。足首には星の形の折り紙がセロハンテープでつけられました。

「ピアスはどうですか?」「あ、お願いします」と言うと、小さな円形のシールをぺたっと耳たぶにつけられました。丸いシールの上に光る星形シールが貼られています。「できあがりました」ということで、おしゃれやさんを出ました。なかなかのできで、私の心はウキウキと満足でした。


三歳児にもおしゃれがはやっています。でも、こちらは長いスカートを重ね着して引きずって歩いています。さらに、蛍光色のピンクのスカートを頭にかぶったり、キンキラの冠をかぶっています。毎朝来るとすぐに身につけ、帰るまでその格好。着たまま借りて帰り、翌朝もそれで登場する子もいます。まるで、制服。

お化粧と称して鏡を見て自分の顔に水性ペンで書きます。書くのが下手なのか、美的センスが違うのか、眉毛と目の間に赤で線が引かれます。唇だけでなくそのまわりも真っ赤です。いえいえ、ほおにも赤や青、黒などで線が引かれています。男の子もやっています。化粧というより、顔の模様を楽しんでいるのでしょうか。

どうして三歳の感性は素敵なのに、センスはこんなに悪いのかと首をかしげてしまいます。三歳児と五歳児のおしゃれ意識の違いは、子どもとおとなの差といってもいいくらいです。

その変わり目の四歳のときに、どんなふうに意識が移行していくのか見逃せません！

でも、もしかして、お化粧やネイルアートなどの発想の原点は、やっぱり三歳児にあるのかも……？

密な関係

まおちゃんの様子がなにか変です。

「どうしたの？」と声をかけると「くるしい」と言います。

「くうきがわるいみたいでくるしい」と胸に手を当てています。

でも、風も流れているし、ことさら空気が濁っているようにも思えません。

「まおちゃん、苦しくなるようなことがあったんじゃない？」と聞きますと「あのね。ひーちゃんがおこったの」と返ってきました。

ゆきちゃんと一緒に、ひーちゃんのまねっこをして「あのね」と言うと「あのね」、「やめて」って言うと「やめて」ってやっていた。そしたらひーちゃんが怒ったそうです。

「おこられたのはいいの、だって、いやなことしたから」と、まおちゃんは続けます。「でもね、でもね、ひーちゃんはわたしにはひどくおこったのに、ゆきちゃんにはやさしくおこったの。わたしよりゆきちゃんとのほうがなかよしだからなんだ」と、とうとう泣き始めました。

いつも一緒にあそんでいるのに、ひーちゃんはゆきちゃんの方が私より好きなんだと感じたのでしょう。言い換えると、ゆきちゃんとの方が自分とより仲良し度が高いと感じて、ショックだったようです。

ひーちゃんを探すと、ゆきちゃんとご機嫌であそんでいます。「ねえ、まおちゃんが元気がないの知っている？」と声をかけました。「しらない！」とケロッとした顔。「さっき、まねっこしないで！　って、まおちゃんにきつく言ったの？」とひーちゃんに聞くと「ふつうに」と言います。「まおちゃんとゆきちゃんでは違う怒り方をしたの？」と聞くと、何を言っているのかピンと来ないような顔で「おなじだよ」と。私自身どうしてよいか困ってしまって「さっき怒られたことを気にして、まおちゃん元気がないみたいよ」と言い残して離れました。

友だち関係が密になればなるほど、こんなトラブルが起こります。

ひーちゃんが二人に違う態度をとったのか、同じなのにまおちゃんの感じ方が違ったのか、ほんとのところは誰にもわかりません。「みんな仲良くしようね！」と取りもったところで、「まおちゃん、だいじょうぶだよ」と励ましたところで心が画期的に穏やかになるわけでもありません。とりあえず私にできるのは、まおちゃんと一緒にお弁当を食べることしかありませんでした。

数日後、三人は一緒にあそんでいました。数週間後、三人は何事もなかったかのように笑い声を立ててあそんでいました。

子どもの友だち関係も無邪気ではありません。さまざまな心の機微に揺れ動きながら関係を濃くしていくのです。

「いれて」

あゆむくんの大きな声が聞こえます。「はいっちゃだめ！」「むこうにいけ！」「おまえなんか、きらいだー」と立て続けに怒鳴っています。

けれど、相手の声も泣き声も聞こえません。言い方が強くエスカレートしてきたので、とうとう我慢ならずに見に行きました。

小さな部屋のドアに仁王立ちのあゆむくん。その前には、身体の小さいきみあきくんがだまって立っていました。部屋の中には、あゆむくんが組み立てたマットの家ができていました。

きみあきくんは「いれて」と言ってはいないのですが、たぶん、あゆむくんは入られて壊されるのを警戒しているのでしょう。

「そんな言い方はないでしょう！　きみあきくんはドキドキしてるよ」と叱ると、あゆむくんは床に伏せってワーンと泣き出しました。

しばらくほうっておきました。泣き声が収まってきたので「あゆむくんのこと大好きだよ。あゆむくんはいい子だね。でも、あんな言い方をするのは嫌いだ」と、穏やかに言うと、泣きながら抱かれにきました。しっかり抱きついてきたので、私もホッとしました。

かりんちゃんが砂場で、大きな山を作り始めました。ひとりでモクモクと作っていました。

そこへほのかちゃんが「いれて」と声をかけましたら、すかさず「だめ！」と返ってきました。

そばにいたかりんちゃんのお母さんが「いれてあげなさい！」と声を荒げましたので、「ちょっと、黙って見ていて」と私がお母さんを制しました。

かりんちゃんはなにくわぬ顔で砂山を続けました。そばで、ほのかちゃんはじっと立って見ていました。しばらくすると、かりんちゃんは顔を上げ、ほのかちゃんに「いいよ」と言い、二人で山を作り始めました。

みんなあそびに夢中になると、それが楽しければ楽しいほど、簡単に「いれて」「いいよ」とはいきません。でも、そばで立って見ていられたり、「いれて」と言われると無視はできないのです。だから、怒ったり、知らんぷりしたりします。入りたいと思っている方も、相手の様子を見て待っていたり、あきらめたりします。

入れてもらうと、もとの子のイメージに合わせながらあそびつつ、徐々に一緒にあそびを発展させていきます。三人目、四人目に入っていく子も、必ず元祖に「いれて」と了解を得るのですから、結構律儀ですね。子どもたちは、日々トラブルを繰り返しながら、暗黙のルールが生まれ、関係を深めていくのです。

ぼうけん

保育者が数人の子を引き連れて、散歩に出かけていきました。

遊歩道を延々と歩いていくと、森があります。どうやら、そこに栗の実がなっているという情報があったようです。いつも草履《ぞうり》の子どもはちゃんと靴にはきかえて、棒やら網やらを持っていきました。

だいぶ経った頃です。出かけなかった子どもたちとあそんでいると、電話が鳴りました。

保育者の緊張した声が響きます。「そこに、わたるくんとゆなちゃんがいますか?」ちょうど私の目の前であそんでいましたので「いるわよ」と答えました。

しばらくすると、出かけた連中が帰ってきました。即座に、わたるくんとゆなちゃんはすさまじい勢いで保育者に捕まえられました。

「どうして勝手に帰るの！　だめでしょう！　すごく心配した！」と保育者は怒りながら泣いています。二人は驚いたように保育者の顔を見ています。そして、泣き始めました。

どうやら、二人は勝手に帰ってきてしまったようです。

二人がいなくなったと気がついた保育者は、小さな小川があるので川に沿って行ってしまったのだろうか、迷子になってしまったのではないか、悪い人に連れ去られたのではないかと心配は募るばかり。みんなで「わたるくん！」「ゆなちゃん！」と叫びながら捜したけれど見つからない。そこで、電話したら戻っていたことがわかってホッとした。でもホッとしたら、今度は怒りがこみ上げてきたそうです。

この保育者の気持ちはよくわかります。子どもに愛情があるからこその怒りであることに、うれしくも思いました。

でも、しばらくしてゆなちゃんに聞いてみました。「子どもだけで帰ったら怒られるかもしれないって思った？」すると「うん」とうなずきました。

そうです。たまたま帰りたくなって帰ってきてしまったのではないのです。二人は年長児、自分の力を試してみたくなってしまったのです。「冒険しちゃったね」と小声で言いました。

「ねえ、ゆな、ぼうけんたのしかった?」とそばにいたあいちゃんが聞くと「うん」と答えていました。「あいちゃんもぼうけんしてみたいなぁ。でも、おこられるのはちょっと……」と保育者の顔をそっと見ました。

何事もなかったからよかったもののということではありますけれど、本来子どもに冒険はつきもの。三歳の頃は、近所にお使いに行く程度のほのぼのしたことで満たされますが、年が大きくなるにつれて、その挑戦はおとなの手の内からはみ出していきます。

そのエネルギーに拍手を送りたい気持ちと、事故や事件に巻き込まれないでほしいと案ずる気持ちとの両方ですね。でも、この頃、こんな冒険話は聞かれなくなってきていませんか?

十人十色

　こっちゃんが外の椅子にぽつんと座っていました。近づいて「こっちゃん、どうした?」と、のぞき込むとガブッと私の手に噛みつきました。

「どうして噛むのー!」と声を荒げると、そばにいた子に「こっちゃん、きげんわるいのに、ちかづくからだよ」と言われてしまいました。

「どうして機嫌が悪いの?」と聞くと「きょうのきゅうしょく、こっちゃんがきらいなものだったんだ。だから、おなかすいてるんだよ」と言います。

　こっちゃんはダウン症です。身体や顔の表情は豊かですが、言葉で表現することができません。でも子どもたちは表情からちゃんと声を聞いています。

　もうひとりのダウン症児みっちゃんはおしゃべりです。人なつっこい笑顔が人気です。ところが、わがままで頑固です。散歩の途中イヤとなったら座り込み、石のように動きません。「みっちゃん、あとすこしだよ。がんばろうか」と、なだめすかしている子どもたち。とうとう、抱っこしてしまったりします。

もうひとりのダウン症児ふみちゃんは控えめな笑顔で、お姉さん的存在。何事にも一生懸命の努力型です。自分のことは自分でするだけでなく、同じダウン症のみっちゃんの面倒をよく見ます。

「ダウン症」といっても、それぞれだとつくづく感じます。

障がいがある子に対しては、障がい名で判断し、その子自身の内面を見逃しがちです。けれど多少の傾向はあるにしても、健常児と言われる子どもたちと同じように十人十色なのです。

子どもたちは「障がいのある子だから、優しくしてあげよう」なんて、考えて接してはいません。

ゆめちゃんが毎日のように広汎性発達障害のうっちゃんを目で追っていました。言葉が少なく、多動で団体行動が苦手な子です。その行動にゆめちゃんは惹かれたのでしょう。ふと「わかった。どうすればいっしょにあそべるか、わかった」とつぶやいたかと思うと、柵に登っているうっちゃんに近づき、同じ行動を始めました。

やはり広汎性発達障害のたろうちゃんのクラスメートはこう言いました。「たろうはぼくたちのあそびをしらないけれど、ぼくたちがしらないあそびをしっているね」と。そして「たろうちゃんあそび」がはやったのです。

子どもは子どもに興味を持ちます。障がいがあろうとなかろうと、ありのままを引き受け合って、関係を深めていきます。幼児ならではの柔軟さとすばらしさです。

わるいおじさん

三歳児が焼き芋をするための薪を拾いに出かけて行きました。しばらくして帰ってきたようですが、いつもと違う泣き声が漏れてきます。不安になって保育室に行ってみると、緊張した顔で子どもたちが群れていました。保育者の膝に抱かれて二人の子どもが泣いていました。

「どうしたの?」と聞くと「わるいおじさんがいた」と泣きながら言います。

遊歩道で子どもたちが薪を拾っていると、通りがかりのおじさんに怒られたというのです。「こんなところであそばせて、なんだ!」と怒鳴り始めたそうです。そこで、保育者が「ここは遊歩道で……」と話すと、おじさんはもっと怒って「なまいきだ!」とげんこつを保育者の胸もとに突き出したそうです。もうひとりの保育者が子どもを集めて守ったようですが、子どもたちは怯《おび》えながら見ていたようです。

たまたま通りがかった男性が間に入ってくださって、事なきを得て戻ってきたということでした。

「わるいおじさんが、まゆみさん（保育者）をなぐった。いいおじさんがきて、たすけてくれた」と子どもが言いました。

私は考えてしまいました。こんなに幼いときから、悪い人と良い人を区別するのはどんなものだろう、やはり根底には人を信じて生きていってほしいと思うのです。そこで「そのおじさん、いやなことがあったのかもしれないね」と言いました。

すると「いっぱいねていなかったのかなぁ」「おやつもらえなかったとか？」と、子どもなりに思い当たることを言い始めました。「そうね、そうかもしれないね」と相づちをうちました。

泣いていた子どもは家に帰ってから「きょう、きげんのわるいおじさんにあった」という報告をしたそうです。

他にも「きょう、ライオンがきた」と言った子どももいました。お話の世界の怖いものに見えてしまったのでしょう。

子どもはうるさく、ちょろちょろしていて、どう動くかを予測しにくいです。おとなには邪魔で迷惑なことがしばしばあります。保育者は園外に出ると羊飼いのようにピリピリしながら気を配ります。それでも、こんな出来事が起こりますし、怒鳴られることもあります。

子どもたちにとっては「悪い人、良い人」ととらえる方が、シンプルでわかりやすかったのでしょうか？　私の思いは現代には通用しないのでしょうか？　警戒心を持たせなければならない時代なのでしょうか？　悶々と考えてしまいます。

親子げんか

てっちゃんが来ました。「おはよう」と声をかけて顔をのぞくと、ほっぺに赤い手形がありました。

「どうしたのか、話してくれる？」と聞くと「なんでもない」と言います。

親友のきーちゃんと外に出て行きました。二人で植木の繁みに座っています。どうやらお母さんに叩かれたことを聞いてもらっているようです。

そこへ私に電話がかかりました。てっちゃんのお母さんからです。「やりすぎちゃった！」と泣き声でした。「そんなときもあるね。大丈夫、今は元気にあそんでいるよ」と伝えました。ほんとに、きーちゃんに話してからのてっちゃんは、元気をとり戻していました。

しばらくして「どうしたのか、教えてくれる？」と、また、聞いてみました。

「あのね。ぼくがわるいの」と、てっちゃんが話し始めました。

朝、よそのおばさんが来てお母さんと玄関で長話をしていた。ぼくが「ママ、ママ」と何度言ってもママは聞いてくれなかった。だから、ぼく、そのおばさんに靴を投げちゃった。靴はおばさんの顔に当たった。そしたら、ママがぼくをぶった、ということでした。「だから、ぼくがわるいんだ」って。

「そうか、それはまずかったね。今、ママから電話があったよ。叩いたのはやりすぎだったって、ママ泣いていた。ママ嫌いになっちゃった？」と聞くと「ううん。すきだよ」って。「じゃあ、きょう帰ったら『ぼくママのこと好きだよ』って言ってあげるといいよ」と話すと、照れたようなまぶしい笑顔になりました。

朝、もっくんが入り口から、なかなか入ってきません。ウロウロしているので「どうした？」と聞くと「なんでもない」。でも、三十分以上も入ってきません。

「もっくん、何かあったとき、話すと心が軽くなるよ」と声をかけると、ワーと泣き出しました。「ママが、くつした、きった！」って。

もっくんは決まったお気に入りの靴下やズボンしか履きません。この日、好きな靴下が見つからず、お母さんが新しい靴下を出してきたそうです。でも、「どうしても、これはいやだ」と騒いだら「もう、あんたには新しい靴下なんて、買ってあげない！」と言って目の前で靴下を切ってごみ箱に捨てたというのです。

もっくんのお母さんらしくて、笑ってしまいそうなのをこらえて「ママのことだもの、今頃ごみ箱から靴下拾って、もったいないことしたって思っているよ」と言いました。もっくんは話してすっきりしたのか、外にあそびに行きました。

しばらくすると、お母さんが「洗濯機のうらに落ちていた」と靴下をぶら下げてやってきました。洗って、ドライヤーで乾かして走ってきたようです。

私が子どもの頃、母に叱られると裏のおばさんの家に駆け込みました。おばさんにおやつをご馳走になり、手をつながれて家に戻ったものです。今だって親子のトラブルには他人が必要です。気心知れた他人が間に入ることで、必要以上に深刻にならずにすむのです。

けが

「あーぶくたった、にえたった」と、三歳児がわらべうたであそんでいます。オニごっこでつかまると泣いていた頃を、懐かしく思います。

「かーってうれしい、はないちもんめ」と、四、五歳児の大きな声が聞こえます。

「まけーてくやしいはないちもんめ！」と、ひとりだけ残ってしまった子が、強気で返している姿には、ほれぼれします。

すっかり大勢での、ルールのあるあそびが、人気の時期になりました。

わらべうたばかりではありません、オニごっこのたぐいもはやります。高オニ、氷オニ、王様ゲーム……オニごっこは、ルールが簡単なものから難しいものまでありま す。子どもたちの理解度にあったものが、ちゃんとはやります。北風が吹き始めるこの季節にぴったりの、身体も心も熱くなるあそびです。
ところが困ったことに、この寒くなり始めの頃は、けがが起きやすいのです。

まず、着る物がかさばるようになり、身体の自由を奪います。小さい子たちが上着のファスナーを首まで上げずに、抜きえもんのような格好で着ている姿を目にします。肩がずれていると腕の自由がきかず、手も隠れてしまいます。また、大きめを買ってしまう親心、袖口から指先しか出ていないこともあります。転びそうになって手が出ずに、顔で受けてしまうのです。

次に、あそびに夢中になる気持ちと、寒くなって硬くなっている身体との勢いが合わず、バランスを失いやすくなります。ほら、おとなが久しぶりに全速力で走ろうとしたら、気持ちばかりが先行して足がもつれてしまう感じ、あれです。

さらに、群れてあそぶことが多いので、思いがけずに、押し合って倒れたり、落ちてしまったりということが起きがちです。

転んで手足を骨折、顔面をぶつけて歯が折れたり、ときには縫うほどのけがも起こります。

子どもの仕事は、けがを抜きには考えられません。思いがけずに、瞬時に起きてしまうのです。けがは本人はもちろん、親ごさんも、そして、保育者も辛いです。誰ひとりとして、喜ぶ人はいないのです。でも、残念ながら、「けがは絶対にさせない」と言い切ることができません。それには、一人ひとりを檻に入れて保管しておく以外にないからです。子どもの集団生活には、心の成長と楽しさの裏に、けがが起こり得るという可能性もあるのです。

残念ながら起きてしまったときには、最善の処置をし、子どもの心の傷跡にならないように、心の栄養にさえなるように、精一杯の努力をするつもりです。保育者にとっては、気を引き締める季節です。

冬

なかよし

寒い朝を迎えます。三歳児と少し遠い公園に行ったときのことです。

「うんどうかいごっこしよう！」と誘われました。走ると身体が温まるので、自然とこういうあそびになります。

運動会ごっこといっても、「ヨーイドン！」で走り、六十メートルくらい先にある木がゴールといった簡単なものです。私も一緒に並んでやっていました。子どもは何度でも戻ってきて「ヨーイドン」と、繰り返しています。

そろそろ、りんごの木に戻らなければいけない時間。「さあ、帰りましょう」と声をかけると、少し離れたところで、ふーちゃんがしゃがんで泣いていました。

「あら、どうしたの？」と尋ねると、泣き方は一段と激しくなり、話もできない状態です。「一緒に帰ろうね」と立たせて、手をつないで歩き始めました。

私のもう一方の手は、ひとみちゃんとつながっています。ひとみちゃんは心配そうに、「どうしたんだろうね」と言いながら、ふーちゃんを見ています。

しばらくすると、ふーちゃんはほとんど泣きやんだ状態になりました。ちょうど区役所の入り口近くだったので、他の子どもたちは保育者と先に帰ってもらうことにして、寒さをしのげる扉の中に入って、しゃがみました。

「ふーちゃん、どうして、悲しかったの?」と聞くと、「だって、ひとみちゃんが、だめっていったの」と答えます。

驚いたのはひとみちゃん。大好きなふーちゃんが泣いているのが心配で一緒にいたのに、なんと、自分が原因と言われているのですから。

「だめなんか、いわないよ」と、ひとみちゃん。

「いったもん、うんどうかいごっこのとき」

「ちがうよ。あのときはだめだったんだもん」

「いれてくれなかった」

二人の話を組み合わせると、ふーちゃんは、運動会ごっこに入りたかったので、「いれて」と言った。ところが、ひとみちゃんは「ヨーイドン」で走り始めていたときだったので、途中だから「だめ」と言ったのです。

「あー！　こういうのを誤解っていうのよね。いれてあげないという意味じゃなくて、今はだめってことだったんだ」と私。

すると、ひとみちゃんが、ぽろぽろ涙を流して泣き出しました。そして、ふーちゃんに向かって、「ごめんね。ふーちゃん、ごめんね」と、言いました。ふーちゃんも泣きました。私ももらい泣きしました。区役所の玄関の片隅で、膝を寄せ合い泣きました。

大好きな友だちだからこそ、悲しい思いをさせてしまったことをこんなに素直に謝れるのです。素敵な二人でしょう。三学期だからこそ見られる、子ども同士の関係の深さです。

集団であそぶ

三、四、五歳児共に、子ども同士が気心知れた間柄といった、いい雰囲気になっています。一年近く同じクラスで過ごしてきたのですから、仲間意識も濃くなっています。そして、群れるあそびが多くなりました。

三歳児だって、かくれんぼやオニごっこを楽しめます。「かごめかごめ」や「あぶくたった」もしますし、ごっこあそびも集団で盛り上がります。

四歳児は、五歳児にあこがれる気持ちが強くなり、ついてまわっている子もいます。ちょっと複雑なオニごっこやボールあそび、なわとび、跳び箱、木登りにも挑戦です。

五歳児はというと、もっと高度なルールのオニごっこやゲーム、サッカーや野球などもはやり、競争心まるだしの形相を見せます。

こんなことがありました。

さっきまで群れてあそんでいた子どもたちが、円陣を作って何やらもめています。近づいてみると、みかちゃんがまん中にしゃがんで泣いています。訳を聞くと、「だって、もう、やめたいんだもん！」と言います。「どうして、やめたいの？」とたずねると、「だって、むずかしくてわかんないんだもん！」。どうやら、王様ゲームをやっていたようです。これは難易度が高いオニごっこなのです。そのかわり、ルールを理解するとすごく面白いので、毎年、年長児を中心にはやります。

一緒にあそんでいたけいちゃんが「やめちゃだめだ！」と言いながら、こちらも泣きそうです。「どうして、やめちゃいけないの？」と聞くと、「だって、にんずうがあわなくなっちゃう」。そうです、このゲームは二チームに分かれて、人数をそろえなければならないのです。みかちゃんがやめたら、あそびが続かなくなるのです。

周囲には人垣ができていました。みんな、状況を理解したようです。みかちゃんはわからなくてつまんないのだからやめたらいい。でも、けいちゃんのあそびを続けたいという気持ちもわかります。私も含めて沈黙。しばらくすると、はるちゃんが前に一歩出ました。「じゃあ、わたし、はいるよ！」と、明るく言いました。その姿はほれぼれとするほど格好よかったです。

私の方で「みかちゃん、いい？」「けいちゃん、いい？」とあそんでいる子どもたちの了解も得て、ゲーム再開です。

群れてあそんでいると、必ずもめごとが生じます。ルールを破ったの変えたの、どっちが勝った負けただの、ひとりねらいばかりしてつまらないだの……もめごとがなく最後まで楽しくあそぶのは、とてもむずかしいことです。でも、子どもたちは必ず解決方法を見いだしていきます。それは、きっと、あそぶ楽しさを知っているからこそなのでしょう。

プレゼント

三歳児が散歩から帰ってきました。まるで薪拾いに行ったように、両手にいっぱいの枯れ枝を抱えています。ちょっと大きな木の幹も落ちていたようで、えっさかほっさか数人でひきずって持ってきました。ポケットにはドングリや小砂利などが、大事そうに詰まっています。

四、五歳児の子どもたちが、リュックを背負い水筒を持って探検に出かけました。そして、重そうに膨らんだリュックで帰ってきました。途中で宝の山を発見したそうです。中からはなんと屋根瓦が数枚出てきました。そのほかにも水道の蛇口、大きなネジが次々と。おとなには廃材の山だったようですが、子どもの目は輝いて拾い集めてきたようです。

あるとき「大事にしている宝物ある?」と、四、五歳児に聞きました。「ある、ある、ゆみちゃんにもらったいし」。

「あかちゃんのときからもっているウサギのぬいぐるみ」「うみでひろったガラス」と言います。時代が変わっても、物が豊かになっても、宝物は同じなのだとうれしく思いました。

ところが、「クリスマスプレゼント、何が欲しい?」と聞くと、テレビに出てくるキャラクターグッズが多いのです。サンタに木の枝や石をお願いする子はいません。大事な物と欲しい物は違うのです。

「サンタさんはどこにすんでいるかしってるよ。デパートだよ」と言った子どもを思い出します。子ども心にも、〝プレゼントはお金で買う物をもらう〟ことになってしまったようです。

クリスマスはもともとキリスト教の行事なので、サンタさんは来ないという家もあります。

クリスマスや誕生日のお祝いを、贈り物と結びつけてしまうのは残念だから、プレゼントはあげたことはないという方もいます。

願ったことが叶うという体験は、子どもの励ましになるから、サンタからのプレゼントは大事にしたいという方も。

サンタを信じることは、子どもの夢だから大事、そして、プレゼントが来ないなんてかわいそうという方もいます。

プレゼントの内容も、子どもが願っているものを、金銭的に無理がないなら叶えてあげる。三個くらい願ってもらって、親が選択する。子どもには聞かずに親が判断して用意する。手作りの物を心がける。これまた様々です。

もともと、大好きな人に思いをはせて、時間と心を遣って準備するのがプレゼント。そう、プレゼントは、あげる側の気持ちの表現なのです。

子どもに聞いてみました。「お母さんが喜ぶとうれしい？」「うん！」と全員一致。「どういうときお母さんはうれしそう？」と聞きますと「ようふくとか、かったとき」「でんわをしてるとき」……と、よく見ています。もしかしたら、子どもが一番欲しいのは、自分に向けられたお母さんの笑顔なのかもしれません。

あいさつ

新年を迎えて初めての登園の朝、玄関先で「あけましておめでとうございます」と親子に向かってあいさつをします。すると、ほとんどの子がお母さんの陰に隠れて恥ずかしそうにします。隠れなくても照れてしまい「あけましておめでとう」と返ってくるのは年長児でもほんの少しです。こそこそとすり抜けて行く子さえいます。

思い起こしてみると年度始めの四月も「おはようございます」という、私の朝のあいさつに返してくれる子はほとんどいませんでした。それでも、私は懲りずに毎朝続けています。

二学期始めの頃「おとなって、おはようっていうのすきだね」と年長児の男の子に言われたことがあります。「え⁉」と驚いて、「子ども同士ってあいさつしないの？」

と聞くと「しないよ」。「じゃあ、朝、会ったときどうするの？」と聞くと「『よー！』とか『あー！』とか、ニコッてするとか、『あそぼうぜ！』とか『いれて！』とかだな」そう言われて考えてしまいました。

確かにおとなはあいさつが好きです。というより、当たり前の礼儀作法だと思っています。そして、子どもにしつけるべきものとも思っています。

おとな同士ですと、これに天気や気候の言葉がつきます。「今日は、いい天気ですね」とか「寒くてイヤですね」とか。あいさつって、おとなのコミュニケーションの第一声としての役割もはたしているのです。

子どもには不要なの？　と考えてしまいました。でも、やっぱり「おはよう！」と声をかけたいです。朝、初めて会ったときには言わないと落ち着きません。

そうそう、子どもたちの得意なあいさつがあります。それは「バイバイ」。三歳児は朝「おかあさんがバイバイしないでいっちゃったー」と泣きます。園から帰るときは、ほとんどの子が、私たち保育者や友だちに、何度も振り返りながら「バイバイ」と手をふって帰ります。「バイバイ」は「さようなら」という別れの意味合いより、

「またね！」（また会おう）の思いが込められているのでしょう。子どもにとっては「おはよう」より「バイバイ」の方が大事で、自分の気持ちに近い言葉なのでしょう。思いと言葉が密着してる年齢だからこそ、思いや意味のわかりにくいあいさつは口にできないのかもしれません。

三学期始めの年長児ともなると、いつの間にか子ども同士顔を合わせると「おはよう」と言っている場面を目にします。思いや意味とは別に、日常見聞きすることで、知らず知らずのうちに自然と身についてきたのでしょうか。

「あけましておめでとうございます」が、自然と口をついて出てくるお正月は何年後に来るのでしょう。

正月あそび

子どもの頃のお正月あそびといえば、凧《たこ》揚《あ》げ、コマ回し、はねつき、すごろく、カルタ、福笑い……豊かな文化だったのだなあと思います。お雑煮を食べ終わるやいなや、外に出て近所の子とあそんだものです。やがて、どこかの家に上がり込み、すごろく、カルタなどに興じて夕方帰るというお正月ならではの過ごし方でした。けれど、小学校高学年にもなると興味のあったのはお年玉だけ。そして、家族でやる百人一首のみが続いていました。

保育の世界では随分季節感のあるプログラムがとり入れられています。お正月を迎えると、やっぱり、コマや凧、カルタが登場します。

コマといえば、なんといっても紐《ひも》を使って投げて回すのが格好いいです。ところが久しぶりに手にすると「あれ？」「こうだったかしら？」。紐を巻く方向と投げる向きとの関係がいまひとつ。首をかしげながら、あきらめずにやっていると「わかった！」。これからは自慢です。「みてて！」と、子どもに鼻高々。興味を持っていない子にまで、半強制的に「みてて！」。コマ回しだけではなく、気持ちまで子どもに戻っています。子どもにだって、ちょっと格好いい仲間に見えてくるにちがいありません。五歳児は次々チャレンジしてきます。ともかく、紐を巻くというところがむずかしい。あと少しのところでパラッとほどけてしまうんです。紐巻きをクリアーすれば、回せるようになるのはすぐです。

紐のコマは四歳くらいまではちょっと無理です。不思議なことに子どもは、努力してもまだできないものに関しては、興味を持ちません。小さい子どもたちは、両手のひらをこするようにして回すものや、指先で回すコマで楽しみます。みんな、回るものが大好きです。

広場に連れ出して、凧揚げもします。三歳児はビニール袋に紐を付けたもので十分。紐を持って前を向いて走るのがうれしいのです。ビニール袋がふんわりふんわりとついてきてくれるだけで満足。凧を見ながら糸を繰り出して上げるのは、五歳児でもなかなか難しいです。結局、最後まで夢中になっているのは保育者です。子どもが持ってきた凧を、拝みたおして貸してもらったのに、夢中になっているうちに糸が切れて電線にひっかかってしまい、子どもに大泣きされてしまったことがありました。

「子どもの頃はできたのに」と思うあそびは、随分あります。お父さん、お母さん、良い機会です。あなたも子ども時代をやり直してみませんか？　子ども時代に経験していない人は、今からが子どもです！

もうすぐっていったもん

年明けのことです。年長児を中心にはさみ将棋がはやり始めました。年中児のさくちゃんもやっています。のぞいてみると、ちゃんとルールがわかっているようです。将棋をやりながらさくちゃんが私に「ぼく、もう、いちばんぐみだから」と言います（りんごの木では年長児を一番組、年中児を二番組と呼んでいます）。

「え!?　さくちゃんはまだ二番組よ。てるちゃんが小学校に行ったら、さくちゃんが一番組になるんだよ」と、将棋の相手をしている一番組の子を指しながら言いました。

「だって、おかあさんが、もうすぐいちばんぐみだって、いったもん」と憤慨して言います。

「だから、お母さんのもうすぐっていうのは、四月のことで、まだまだなんだよ」と話しましたが、どうも納得がいかないみたいです。知らん顔されてしまいました。
保育が終わって「じゃあ、二番組の人から、帰りましょう」と言うと、さくちゃんは立ち上がらず、一番組と一緒に座っています。

「さくちゃんは二番組だから、さようなら」と誘うと、「ぼくはいちばんぐみ」と言います。また、さっきの続きです。

「今はまだ一月でしょう……」と、こちらがどう説明しても「だって、おかあさんが、もうすぐっていった！」と、怒って泣き始めてしまいました。自分は一番組だと信じ込んでいる気持ちはほどけてはいきません。さくちゃんにとって、一番組になるというのはすごく誇り高い大事な夢だったのでしょう。
帰り道、怒ったさくちゃんは、お母さんを泣きながら打ち続けたということです。おとなは、つい正月明けは「もうすぐ小学生ね」とか、「ひとつ大きくなるね」という言葉を、子どもにかけてしまいます。さくちゃんの場合は、誕生日が一月の半ば。「五歳になったら一番組」と言われたのも、ますます混乱させることになってしまったようです。

さくちゃんばかりではありませんでした。二番組の子は、「四月になったら一番組」ということをほとんどわかっていませんでした。

結局、いちばんわかってもらえたのは、カレンダーの日付に○をしながら、いくつ寝たら一番組になるかというやり方でした。ちなみにあと、「七十七日」でした。数はすごく多いのですが、もうすぐとか、四月になったらという抽象的な表現よりわかりやすかったようです。

将棋のルールがわかっても、時計は読めても、見えない時の流れがわかるのはまだ先なのでしょう。でも、だからこそ、子どもは時間に脅かされず、うらやましいほど「今」を生きています。

すきなひと

五歳児にとっては園生活最後の三学期を迎えます。巣立ちのときを間近に控え、心残りのない保育をとの思いも強くなります。同時に子どもたちを眺めていると、その成長ぶりがまぶしく感じるときも……。

「好きな友だちがいるの？」と聞くと「いるよ！」と返ってきます。

遠慮がちに「だれ？」と聞くと、「○○ちゃん」と堂々と言います。

ゆうきくんが「しょうごくんがすき」と言いました。すると、他にも多くの子が「ぼくも」「わたしも」と言います。

しょうごくんは軽度の発達障害といわれている子どもです。

ちょろちょろとよく動きます。高いところからのジャンプも得意ですし、大きな水たまりを見つけると躊躇せずに水しぶきを上げて駆け抜けます。物を片っ端からひっくり返していくときもあります。疑問に思ったことは「どうしてなの?」「どうしたの?」と誰にでも納得いくまで聞き続けます。私から見てもそんなしょうごくんの行動は、面白いです。

私が「そうだね。しょうごくん、面白いものね」と言いました。すると、ゆうきくんが「そうじゃない」と返してきました。

「あのね、たとえばねキウイフルーツのたながあるでしょ。そこに、ぼくのぼりたいな、のぼれるかな、どうしようかなっておもっているとね、しょうごくんがしゅるしゅるってのぼっていくんだ。それをみてるとぼくもできるかもしれないっておもう。だから、やってみる。だからしょうごくんがすきとおもうんだ」と言いました。

「それって、しょうごくんに勇気をもらえるってこと?」と聞き直すと「そうそう、そういうこと」と答えました。

頭をガーンと叩かれた思いがすると同時に、なんとも薄っぺらな自分を恥ずかしいと思いました。

しょうごくんが好きと手を挙げたひとりにあゆむくんがいます。そういえば、遠足に行ったときなど歩道のない道を歩くときは、あゆむくんが必ず手をつなぎます。それも、自分は車側になって。手をつなぐように指示をしているのか保育者にたずねましたが、あゆむくんが自主的にやっているのだということでした。

あゆむくんは運動神経はよいのですが、慎重派です。ゆうきくんと同じようにしょうごくんに勇気をもらっているのかもしれません。

「あゆむくんがしょうごくんを好きなのも、ゆうきくんと同じ?」と聞きました。

「うん」。照れた顔で言いました。

もちろん、しょうごくんはデレデレになりながら、うれしそうに聞いていました。

お互いにあるがままを受け入れて大事にできるなんて、なんてすごいことでしょう。

私たちおとなも、こんなふうにかかわり合って過ごせたらいいのにとつくづく教えられます。

冬の外あそび

寒い日はなんといっても、散歩が一番。

関東は北国に比べれば温暖でしょうけれど、それでも一年のうちでこのときしか感じられないものがたくさんあります。

遊歩道の両脇の土の下に霜柱を見つけます。「きれい！」って目を輝かせて集め始めます。泥も一緒についていますから、バケツの中はじきに泥水状態になりますが、「もってかえる」。霜柱を踏むときの感触もこたえられません。片っ端からつぶして歩きます。

三歳児が行く「鴨池公園」には、水面に薄い氷が張ります。足下をぬらしながら氷を取って、やってみることは、割ること、乗ってみること、きれいに洗うこと、なめること、集めて持って帰ること。

四、五歳児は大きな池のある「中央公園」に行きます。ここは日陰のため、一面に厚い氷が張ります。恐る恐る片足を乗せて、厚さを確かめます。足や棒でたたき割り、「みて！　おおきいでしょ！」と、自分の頭より大きいのを抱えます。小さな氷の破片を、氷の上に滑らすように投げますと、それはそれは綺麗な音が転がります。カラッ、カラッと、まるで鳥の鳴き声のように澄んだ音です。何回聞いても感動します。氷の厚さ、表面の溶け具合、空気の張り方（温度）によって音色が変わるんです。

投げた氷をぶつけあったり、どちらが遠くまで行くかを競い合ったりもします。帰るときには、たいてい一人や二人下半身ずぶぬれにもなっていますけれどね。

もっとわくわくするのは雪が降ったときです。ままごと道具に雪を詰めてプリン型を作る三歳児。ところが、すぐ、ビービー、ビービー泣き始めます。雪は触りたし、手足は冷たしです。仕方がないので床にビニールシートを敷いて、タライに雪を入れて持ち込み、家の中で雪あそび。これって、過保護かなぁー？

五歳児には、そりあそびが、断然人気です。絵の具で雪に絵を描くのも、パステルカラーになって素敵。雪国はさぞやいろんなあそびができるのでしょうね。

冬は空気が張って、子どもの五感もピンと張っているように思えます。子どもがいるからこそ、私たちおとなも便乗してエイッと外に飛び出せます。長靴、ヤッケ、帽子、手袋を完備すれば、怖いものなし。子どもと一緒なら、不思議と恥ずかしくありません。お母さんたちも、子どもをダシにして一緒にあそびましょう。

できたら子どもの友だちも誘っていくといいですよ。一人より複数の子どもがいた方が盛り上がりますし、子どもの興味のありようが見えるんです。そして、こちらも惹き込まれてしまうんです。だから、保育者はいくつになっても、子どもとあそびを楽しめるのだと思いますよ。

仲間

年度末まで残り少なくなってきました。クラスとしてのまとまりも、子ども同士や担任との関係も、充実期といった感じです。保育者としては、この一年を振り返り、やり残していることが山ほどあるような……と、焦る時期でもあります。

子どもたちは、誰かがおもちゃの聴診器で人形を診察していれば、すぐに数人がかぎつけて加わります。待合室には椅子が用意され、病気の人形やぬいぐるみを抱えた子どもたちが待っています。入院するためのベッドまで用意され、粘土で作ったご飯が出されます。折り紙で作った薬をもらう所も用意されて、保育室中が病院ごっこに発展することもしばしばです。

散歩に出かけても、一人ひとりがバラバラにならずに何となく塊となって進みます。

どんな所でもすぐにごっこあそびが始まったり、わらべうたになったりして、仲間としての絆が一年をかけて作られてきたことを実感します。子どもたちの関係が濃くなり、保育者は脇役になっています。そんな子どもたちの様子に目が細くなります。

ところが、ある日、子どもを連れたお母さんが見学に見えました。すると、どうでしょう。子どもたちが玄関先に立ちはだかり、その子に向かって「だめ！」「はいっちゃだめ！」と大きな声を出しているではありませんか。他の子も集まってきて「だめ！」の大合唱。私は赤面状態です。「そんなこと言わないの！」と叱っても、歯が立たない勢いです。あげくのはてに「おとなはこないで！」とまで言われてしまいます。

仲間意識が強くなるということは、仲間以外を排斥するということになってしまう場合があるのです。四月、選ばずして同じクラスになり、初めて親と離れて心細い思いをしながら、月日を共に過ごす中で培われた仲間意識です。考えてみたら、なまじっかな仲間関係とは違うということでしょう。二、三歳児ならではの姿のように思えます。だからといって歓迎はできかねますが、叱ってもたいした効果は見られませんでした。

ちなみに五歳児には三歳児とは別の仲間意識も登場します。つるむと強くなれることに気がつき、仲間はずれを作って強がってみたりします。男、女とかカードを持っているとか共通項でつるみ、他を除外するような行動も見られます。それだけ精神年齢が高くなったということではありますが、見逃すわけにはいきません。私は烈火のごとく怒ります。五歳児には、人として好ましくない行為であることを身に染みてわかってもらいたいのです。

すきなのに、こんなことになっちゃった！

「たいへん！　たいへん！　けんかだよー」

「くちびるがびろーんとなって、ちがでてる！」

部屋の中に子どもが飛び込んできました。私を呼びに来たのです。

あわてて外に出て行くと、けんかは終わっていました。

二人の女の子は、ワーワー泣いています。顔をつかみあったのでしょう、唇の皮がむけて血がにじんでいました。

泣き方が静まったところで訳を聞くと、ままごとをしたかったひーちゃんは、ござやら食器やらをいっぱい抱えて外のテラスに出ていったそうです。ところが、そこには先客が五人いました。違うあそびをしていたその子たちが「こんなところで、なにするつもり！　いま、つかっているんだから」と抗議したのです。かっとなったひーちゃんは思わず、その中のひとり、みきちゃんにとびかかり、取っ組み合いになったようです。ひーちゃんはみきちゃんと仲良しでした。だから、みきちゃんに気持ちをぶつけてしまったのです。

ひーちゃんがしゃくり上げながら悔いるように言いました。「こんなことになっちゃった。みきちゃんがすきなのに、こんなことになっちゃった！」。それを聞いたみきちゃんはこう返しました。「わたしだって、ひーちゃんがすきなのに。いまは、もう、わからない……」。あとは、二人にまかせて私は退散しました。三学期らしいけんかです。

子どもたちはよくけんかをします。一年を通してけんかがありますが、年度始めと卒業間近は特に多くなるようです。始めの頃のけんかは誤解や物の取り合いが圧倒的に多いです。ところが、そんなけんかを通して仲良くなっていくのですから子どもは不思議です。子ども同士の関係が濃くなっていくと、むしゃくしゃした感情をぶつけるようにけんかが始まったりもします。小学校入学という大きなステップをひかえた時期に、けんかをすることで不安定な気持ちのバランスを保っている子もいます。けんかができる相手がいることはありがたいことかもしれません。

子どもたちに「けんか好きね」と言うと「すきなんじゃないよ。なっちゃうんだ」と返ってきました。「だれとでもやるわけではない。いつもあそんでいるこだから」とも。

けんかはときとして身体に傷を残します。

でも、心に傷を残すことはめったにありません。本来、言葉の前に身体で表現してしまうのが子どもです。けんかをする子はいけない子ではないのです。

けんかをしながら、心は十分育っているのです。

一年の積み重ね

みんな、安心した表情をして、よくあそんでいます。困ったとき以外は、もう、保育者のそばにいる子はいません。子どもたちで群れてあそんでいます。おとなは邪魔にならなければいてもいいけれど、いなくてもいい存在になっています。それが、なんともうれしいのです。子どもらのあそぶ姿を眺めていると、ゆったりとした幸せな気分になります。

知らず知らずに、この一年をたどってしまいます。

二カ月も泣いていたあの子、行く先々でトラブルを起こし相手の子を泣かせていたあの子、トイレが怖くて行けずに我慢して震えていたあの子、毎日ドレスを着ておすまし顔でお姫様になり続けていたあの子、事務室に入って落書きしたあの子……どの子も三歳児の一年を積み上げてきました。

急にお母さんと離れられなくなって付き添ってもらうことにしたあの子、威張りすぎて嫌われてしまったあの子、地面に穴を掘り続けていたあの子、はじけるように表情が変わったあの子、おしゃべりになったあの子……どの子も四歳児の一年を積み上げてきました。

取っ組み合いのけんかをして親友になっていったあの子たち、保育者に黙って探検に行ってえらく叱られたあの子たち、木の上に鈴なりになっていたあの子たち、廃材をもらって掘っ建て小屋を作ったあの子たち……どの子も五歳児の一年を積み上げてきました。

一人ひとりに確かな育ちがありました。

その育ちはスムーズに豊かになったわけではありません。群れることによって、あそびも人間関係も刺激を受けました。面白い！　楽しい！　という刺激ばかりではありません。思い通りにいかなかったり、それぞれのわがままにどうしていいかわからなくなったり、怒られたり泣かれたり、悔しい思いや爆発しそうな気持ちを抱えたり、いつもいつも心は動き、葛藤し、練られてきたのです。よく言われるように、楽しいことも、くやしいことも、悲しいこともあったのです。一人ひとりがその子なりにちゃんと乗り越えてきたのです。

そして、何より、親以外のおとなの存在、兄弟姉妹以外の仲間の存在を通して、信頼できる人がいる心地よさ、仲間を持つ楽しさを味わってくれたと思います。

子どもたちは、この一年をいつまで覚えていてくれるでしょう。あまり期待できません。でも、まあ、いいとしましょう。

子どもを感傷的に眺めてしまう私の前で、子どもたちは振り返ることなく、今を生きています。ありったけ輝いて生きています。

節目のとき

「泣かずに行けるかしら」「お友だちできるかしら」「なんだか、子どもがいない時間は寂しい……」と、思っていたのはいつのことでしょう。いつのまにか園に行くのが当たり前の生活になったのは、親ばかりではありません。子どもも園は家以外のもう一つの自分の場所になったことでしょう。

同じクラスの子どもは仲間です。お互いに名前を呼び合うばかりではありません。靴もカバンも上着もコップもお弁当箱も「これ、誰のかしら？」と聞けば「あーそれ、けんちゃんのだよ」と返ってきます。それぞれの子どもの持ち物も、性格や特徴も知り尽くした仲間になっています。

保育者もそうです。四月は「○○さんちの子」だったのが、今や「うち（クラス）

の子」という言い方に変わっています。こんな幸せな関係がずーっと続くといいなと思う頃、進級や入学を迎えるのです。

慣れて心地よくあればあるほど、新学期のクラス編成や担任の交代を思うと、まるですごろくの〝ふりだし〟に戻ったときのようなため息が出てしまいます。でも、違うんですよ。ふりだしには戻りません。一年前とは比較できないほど、子どもは成長しています。まあ、新しいことには、二、三駒後退くらいにはなるかもしれませんけれどね。

三歳児には「年中児」になる自覚はあまりありません。ほとんどの子は四月になってから「ちがう！」とわかるのです。

四歳児は「年長児」になる自覚をしています。なんといっても園で一番大きい人たちになるのですから、誇りで胸を膨らませます。

そして、この節目のときを一番感じているのは年長児です。お正月の頃は「もうすぐ、小学生」とおとなたちに言われるとうれしかったのが、月日が迫るにつれて、寂しさと不安が募ってきます。

「がっこうにいって、ともだちできるかなぁ」

「いじめられたら、どうしよう」

「がっこうはひろいから、まいごになるかも」

「せんせいはこわいかなぁ、おこるかなぁ」

「きゅうしょく、たべられないかも」

兄姉のいる子どもが情報源ですが、どうも楽しいことより心配な情報が多いようです。


でもね、新しいことっていつもこうだと思いませんか。期待もあるけど不安もあって、迫ってくるほどに不安の方が膨らんでくる。かけっこで自分の番がとうとうやってきて、スタートラインに立たされるあの感じです。でも、スタートするより仕方ないのです。

そして、親は代わってあげることができないのです。心配を取り除いてあげることもできないのです。心配や不安は子ども自身が抱えて進んでいくより仕方ないのです。親は後ろから、祈りながら見守るよりないのです。

「ちゃんと先生の話はきくのよ！」「自分のことは自分でしないと！」「授業中すわっていられるかしら？」といったお母さんの心配は、子どもにかぶせないようにして送り出したいものですね。

卒業の歌

年長児にとっては園生活最後の晴れ舞台、卒業式が目前です。大きくなった誇りと同時に、不安も感じています。一人ひとりの不安に耳を傾けながらも、「だいじょうぶ！　君たちは小学生になれる力を持っているから」と、背中を押すように最後の保育を進めていきます。

りんごの木では卒業式に、毎年歌詞を変えて一年を振り返るような歌を歌っています。歌の最後は在園児に向けての、こんな詞で締めくくられています。

「これから　そつぎょう　りんごのき
みんなと　さよなら　りんごのき
ぼくたちは　げんきだから

みんなも　げんきでね
みんなで　あそびに　いくからね」

ところが、この歌詞は寂しいからいやだと言う子が現れました。特にはじめの二行が歌いたくないというのです。

でも、このままがいいと言う子もいます。「さみしいきもちになるからいい」と言うのです。「これはおもいでだから、だから、これがいい」と力説する子に「思い出ってどういうこと？」と聞くと「さみしいってこと」と返ってきました。驚いたことに、寂しいからいいと言う子どもの方が多いのです。まだ六歳の子どもたちの大半が、感傷に浸る心地よさを知っているということでしょうか？

しかし、寂しいからいやだと言う子も譲りません。「みんなとさよなら」という歌詞が特にいやだから変えたいと言います。が、そこへストップがかかりました。「このさよならということばが、だいじなんだ」と言うのです。

「さよならをやめたい」「いや、そこだけはやめられない」との論争が続きます。どちらも譲らず、時間が過ぎます。

「いいこと考えた！」と保育者が叫びました。「これからさよならするけれど、ずーっとともだちりんごのき　というのはどお？　これなら、さよならも入っているけれど、悲しい気持ちにはならないでしょ！」

おおー！　みんなの顔が晴れました！

私なんて思わず両手を挙げて踊ってしまいました。

卒業式当日、子どもたちはそれぞれのやり方で、私の手から「修了証書」を受け取ります。

悲しい思いが照れくさくて、片手でもぎ取るようにしていく子。

みんなの視線に耐えられず、おちゃらけてしまう子。

うつむいて黙って受け取っていく子。

目に涙をいっぱい浮かべている子。

「ありがとう」と私の目を真っ直ぐに見て言う子。

その子なりの思いが私の心を揺さぶります。そして、つぶやきます。「あなたと出会えてよかった。ありがとう」って。

泥団子師匠

しのぶくんは泥あそびが好きでした。そして、年長五歳児の頃には立派な泥団子職人のようになっていました。いつも両手にバケツを持っています。ひとつのバケツには泥団子の中心になる土が、もうひとつにはふるいにかけたきめ細かい白砂が入っていました。彼の泥団子に魅せられ、ほとんどの子が上手に作れるようになっていました。

いい泥団子は、形が美しく、艶があって、落としても壊れません。私は子どもたちの泥団子作りをほれぼれと眺めていました。が、ふと、気がつきました、もうすぐ、しのぶくんが卒業してしまう……。なんと、私は見ているばかりで自分は作ってもいなかったのです。

悔やんでしのぶくんに言いました。「泥団子じょうずだね。私にも教えてくれない？」するとと、彼は無愛想に「おしえられないね」と言いました。考えてみればしのぶくんはずーっと泥をいじり続けて、今、見事な泥団子を作れるようになったのです。いきなり教えてもらおうなんて虫がよすぎると反省しました。

翌日から、私はしのぶくんの隣に座り込み、見よう見まねでやることにしました。職人は見て盗めと言うじゃありませんか。数日後に見事な泥団子が作れるようになった私は、もう、うれしくてうれしくて持ち歩きました。

みんなに見せびらかして歩きました。ただ、勇気がなくて落としてみることはできませんでしたから、いい泥団子の三要素は満たしていなかったかもしれませんが。

実は、しのぶくんが卒業してから二十年近くもたっています。でも、三月のこの頃になると毎年といっていいくらい彼の泥団子のことを思い出すのです。

子どもたちは園生活を通して、様々なことを積み重ねてきました。けんかをして心がくじけたり、仲良しの友だちを得て心がまあるくなったり、はじめはぎくしゃくしながらもすべすべのなめらかな関係になったり、けんかの後の仲直りには勇気もいりました。泥団子作りのように、日々、薄い層を重ねるように、すこしずつ大きく、強く、艶やかに育ってきたのです。

「中心の芯の土がしっかりしていないと、どんなに白砂かけてもだめなんだ」とは泥団子師匠の教えです。きっと、一人ひとりが中心になる心の泥団子を持って卒業していってくれるでしょう。

毎年、新しい子どもたちとの出会いを繰り返していく保育という仕事も、私の泥団子作りのようです。新しい砂をかけて、手でこすり、砂を落ちつかせてはまた重ね、丹念に磨いていく。保育という仕事は、一年一年を繰り返しのせていく、私作りでもあるのです。

子どもたちを送り出すたびに思います。「大きくなっておめでとう。そして、私を育ててくれてありがとう」と。

私のこと

子どもの頃

庭には砂場と池がありました。周囲には実の食べられる木、梅、梨、柿、ぶどう、桃、いちじくが植えてあり、唯一食べられない桜の大きな木が三本ありました。近所のおじさんが作ってくれた木のブランコもあります。隅には苺やらっきょうも植えてありました。家の玄関には一番上の兄がクレヨンで書いた「よいこのいえ」という表札がかかっていました。

やがて、私が拾ってきた犬、兄がお祭りで買ってきたアヒル、迷い込んできたアヒル、鳩舎が庭を賑やかにしてくれました。

これが、私が生まれ育った家の風景です。まさに「昭和」ですよね。今となるとさして広くない庭なのですが、当時はあそぶのに十分な空間でした。家の前の道路は砂利道で、ここも大事な遊び場です。ご近所とは木戸で行き来できるようになっていました。

姉ふたり、兄ふたりの五人きょうだいの末が私です。自宅で生まれたので、祖母をはじめ、隣近所両隣の方がみんな私の生まれたときからを知っていました。すでに、ほとんどの人はあちらに逝ってしまいましたけどね。賑やかな家でしたが、みんなが学校に行ってしまって、母とふたりだけのときがありました。布団を縁側に干し、洗濯物を洗って干す母が家の中を忙しそうに行き来していました。縁側の布団の上でごろごろしている私。このときのお日様の暖かさ、静かさ、布団の匂いは心の原風景のように思っています。

さて、そんな私の初めての集団生活は小学校でした。黙って座っていることしかできません。何かを指示されると、なおのこと硬くなってしまって言葉も出ませんでした。徐々に慣れてはいきましたが、たぶん六年間で自分から手を上げたことは二回くらいしかなかったと思います。座っていることは得意で、苦痛ではなかったのでじっとしていました。まさに、「さなぎ」だったと思う時期です。でも、さなぎは死んでいるわけでも、眠っているわけでもありません。そーっと、慎重に外の気配を観察しているのです。さなぎの中にはわが家という広い空間がありました。家では口が達者でませていたので「はたち（二十歳）」というあだ名さえついていたのです。家では自由、外では不自由は、全然苦しくはなかったです。

殻を破る勇気はありませんでした。でも、中学二年のときの担任の先生が、校舎の廊下で「あなたは自分が思っているよりできる人なのよ」と言ってくれました。通りすがりだったと思います。小さな穴から温かい風が入ってきたように、うれしかったです。そして、その先生が薦めてくれた高校に入りました。

高校二年のときに、とうとう自ら殻を破るときがきました。

クラス内でひとり三分間のスピーチが当番でやってくるのです。私の日がやってきました。覚悟も勇気も出さないのに、口からついて出たのが「みなさんは本当の友だちですか？　私は友だちの振りをする友だちはいりません。本心を話せる本当の友だちがほしいです」と言ってしまったのです。でも、そこで「私もそう思う」と手を上げてくれた人がいたのです。このときから、すっかりさなぎの殻を破った私は、思うことを発言するようになり、今の私が始まったのです。

保育の世界

ちょうどその頃、敷地内に住んでいた姉夫婦に子どもが生まれました。なんて、かわいいのでしょう。なんて、面白いのでしょう。ずーっと見ていても飽きることがなく、学校に行きたくないほどでした。

「生まれてきた以上、生まれてきてよかったと思える人生をたどってほしい」という願いのような種が心の中に落ちました。そして、それは姪だけにではなく、命をもらって誕生したすべての子どもたちにそう思える人生をと。今思うと、私自身が生まれてきてよかったという人生を送りたいという願いも含まれていた気がします。

子どもの仕事をしようと思いました。いちばん身近に感じていたのが幼稚園の先生です。実は私の母がかつて幼稚園の先生をしていたと聞いていました。私の生まれるずーっと前ですけれど、母への憧れもあったかもしれません。

免許を取得し、めでたく幼稚園に就職しました。ところが、初めての世界が妙でした。言葉遣いをはじめ、日常とはずいぶん違うのです。混乱した私は、幼児教育はどうあるべきなのかをもっと勉強したいと思いました。途中に他の仕事も経験しましたが、通算すると十年幼稚園に勤めました。その間、数多くの研究会にも足を運びました。けれど、たどり着いたのは、どうやら正しい教育や正しい子育てはないのではないだろうかということでした。

子どもの健やかな育ちを願いながら、おとなの意見ばかりを聞いてきたように思いました。そして、その間、子どもが面白いという私の感性にはふたがされていたような気がします。子どもを見失っていたというか、子どものことを知らない自分を感じました。

そこで「どう、育てたいか」ではなく、子ども自身が「どう育っているのか」に視点を変えることにしました。子どもの心に添うことにしたのです。これがりんごの木の保育の始まりです。

りんごの木は創立三十四年になりました。子ども側に視点を置いてみたら、まあ、なんて子どもって面白いのでしょう。子どものやりたい気持ちを保障するということは、発達を保障することでもあるのです。子どもは自ら育つ力を持っている。子どもは信用できると思い至りました。

当初二、三歳児だけでしたが、四、五歳児の保育も始めて二十六年になります。

私は私らしく

子どもを主役にして保育していくと、子ども自身の持つ力にすっかり虜になりました。私だけが肩書きの「先生」と呼ばれていることが恥ずかしくなってきました。子どもたちに「あいこさん」と呼んでもらうことにしました。子どもたちは未熟な部分ももちろんたくさんありますが、私たちよりすぐれた感性や柔らかな思考を持っています。

子どもに教えてもらうことのなんと多いこと。例えば、けんかして負けそうなとき、笑顔になっている子がいました。「あの子、どうしてあんな顔してるんだろう」と言うと「こまったなぁとおもってるんだよ」と返ってきました。悲しそうな子に近づき、黙って背中をさする子どもを見ていると、及びもつかない慰め方に「まいった！」と思います。子どもは心と身体と頭とどれも使いながら今を生きています。いっしょにいるだけで私の中の子ども心は蘇り、膨らみます。重ねてきた年齢は吹っ飛んで今を感じます。

おとなになってしまった私がタジタジするのは「どうして、しなくちゃいけないの？」「だれが、そうきめたの？」「あいこさんはどう考えるの？」「ぼくたちのきもちはどうなるの？」という子どもたちからの直球。いままで考えたこともないことを突きつけられ、自分に向き合わなければなりません。それは、私の無意識な部分を明確にしてくれました。どんなふうに考える人なのか、そして、どんな自分になっていきたいのか。

子どもたちのおかげで、私は私らしさを発見し培ってこられたといっても過言ではないでしょう。自分の人生の最後がくるまでに、隅から隅まで「あいこさんらしい」と言われる私になりたいものだと思っています。保育という仕事に出会えたことに心から感謝です。

あとがき

子どもたちのドラマは、まるで昨日あったことのように蘇ります。ふと気がつくと、もう大学生になっていたり、結婚していたり、親になっていたりするんです。心を動かされたエピソードは、決して消えることなく、そのまま私の中で留まっています。どれも古びることがないように、子どもの育ちや心は今も昔も変わりません。いつの時代も、心を動かし、全身で獲得しながら人として練られていく姿があります。子どもの育ちは変わりませんが、時代と共に環境は大きく変わりました。おとなの価値観が優先される、おとなに都合のいい子育てになりつつあることを憂いています。この本を通して子どもの姿を感じてくださったら幸いです。

若い頃、福音館書店の「母の友」を愛読していました。そこに執筆させていただけるときがやってくるとは思ってもいませんでした。そして、今回単行本にしていただけたことは夢のようにうれしいことです。「母の友」の編集者の方々に心から感謝申し上げます。

二〇一六年十月

柴田愛子

「母の友」2006年4月号〜2011年3月号「今月の子ども」を
再編集して収録。
「こどものみかた」「私のこと」は書き下ろし

著者紹介

柴田愛子（しばたあいこ）
一九四八年東京都生まれ。八二年から神奈川で〝ちいさな幼稚園〟「りんごの木」を始める。『親と子のいい関係』（りんごの木刊）『保育の瞬間：「りんごの木」の保育・子育てエピソード』（学研プラス刊）『あなたが自分らしく生きれば、子どもは幸せに育ちます：子育てに悩んでいるあなたへ』（小学館刊）など子育て・保育に関する著書多数。絵本『けんかのきもち』（伊藤秀男絵、ポプラ社刊）で日本絵本大賞受賞。

100%ORANGE（ひゃくぱーせんとおれんじ）
及川賢治、竹内繭子の二人組イラストレーター。著書に絵本『ぶぅさんのブー』『バナナのはなし』（福音館書店刊）、漫画『SUNAO SUNAO 1〜4』（平凡社刊）など。二〇一三年から月刊誌「母の友」表紙絵を手がける。

繁延あづさ（しげのぶあづさ）
一九七七年兵庫県生まれ。写真家。雑誌や広告の写真撮影や執筆のほか、カメラ教室の講師も務める。ライフワークとして取り組んでいる出産撮影の作品をまとめた『うまれるものがたり』（マイナビ出版刊）などの著書がある。長崎県在住。

こどものみかた 春夏秋冬《はるなつあきふゆ》
2016年10月20日　初版発行
2023年12月20日　第4刷

著　者　柴田愛子

発　行　株式会社　福音館書店
郵便番号　113-8686
東京都文京区本駒込6丁目6番3号
電話　営業（03）3942-1226
編集（03）3942-2084
https://www.fukuinkan.co.jp/

印　刷　図書印刷株式会社

製　本　島田製本

・乱丁・落丁本は小社出版部宛ご送付ください。
送料小社負担にてお取り替えいたします。
・NDC 914／192ページ／18×13センチ
・ISBN 978-4-8340-8299-9

Growing Up with Children Made Me What I Am : The Days at the Nursery

Published by Fukuinkan Shoten Publishers, Inc. Tokyo, 2016
Printed in Japan